启功 著

启功 日记

中华书局

图书在版编目(CIP)数据

启功日记/启功著. −北京:中华书局,2012.7
ISBN 978−7−101−08792−5

Ⅰ.启… Ⅱ.启… Ⅲ.启功(1912~2005)−日记
Ⅳ.K825.72

中国版本图书馆 CIP 数据核字(2012)第 139619 号

书　　名	启功日记
著　　者	启　功
责任编辑	张继海　朱立峰
出版发行	中华书局
	(北京市丰台区太平桥西里 38 号　　100073)
	http://www.zhbc.com.cn
	E−mail: zhbc@zhbc.com.cn
印　　刷	北京市白帆印务有限公司
版　　次	2012 年 7 月北京第 1 版
	2012 年 7 月北京第 1 次印刷
规　　格	开本/630×960 毫米　1/16
	印张 13 ½　插页 2　字数 80 千字
印　　数	1−20000 册
国际书号	ISBN 978−7−101−08792−5
定　　价	28.00 元

出版说明

启功先生（1912—2005）是当代著名学者、教育家、文物鉴定专家、书画大师。他的学术著作和诗词书画作品在国内外广受欢迎，同时，他的生平事迹也受到社会各界的关注。根据一些亲属和友人的印象，启功先生平时似没有记日记的习惯，一般也不留存亲友书信。先生逝世后，他的亲属在整理遗物时，发现了若干个活页册、笔记本，上面有启功先生在"文革"初期和其后一些时段的亲笔日记，弥足珍贵。

遗存的启功日记，经《启功全集》编委会侯刚先生整理，分为14个部分，其中最为连贯的是1966年全年的日记，真实地反映了"文革"初期大背景下启功先生在北京师范大学时的境遇；1971年8—10月在中华书局标点"二十四史"与《清史稿》初期的日记，则为我们了解这项新中国最宏大的古籍整理出版工程提供了重要信息；1973年10月至1974年6月住院治疗期间的日记，以及改革开放后的一些日记片断，不仅记录了先生个人的生命轨迹，还广泛涉及到讲学、交游和各种文化活动，也都极为珍贵。

先生记日记，原本并非是为了发表，重在记事，故其最大特色是简略精炼、客观真实，即便是在深受"文革"狂风暴雨侵袭的艰难时刻，仍然以冷峻的心态、客观平实的文字，记录了那一段不堪回首的岁月。启功先生留存的日记篇幅并不算多，但可以肯定地说，作为老一辈爱国知识分子的优秀代表，他的这些日记体现了自知、自省与自信的精神，其价值是多方面的，可发掘的内涵和意义不可估量。

为了帮助读者更好地理解1966年日记的内容，我们请亲历了北京师范大学"文革"初期运动的柴剑虹编审为这一部分日记作了若干注释，同时又在书后附录了他的一篇读后感言，以供参考。

另外，为保持启功日记的原貌，我们对原文中有些用缩略文字表示的日期、人名、书名等未作任何改动；明显的错讹则已径改。

启功先生是中华书局的同龄人和亲密师友，也是最受尊敬、最具影响力的作者之一。为了纪念启功先生百岁华诞，我们郑重推出这部《启功日记》，还有其他一批相关的图书。在本书策划与编辑过程中，承蒙章景怀先生慨然授权，并得到北京师范大学出版社侯刚、李强先生和本局柴剑虹先生的鼎力相助，在此深表谢忱。

中华书局编辑部

2012 年 6 月

目　录

90 年代日记

附　录

启功先生

启功一家

与恩师陈垣(其一)

与恩师陈垣(其二)

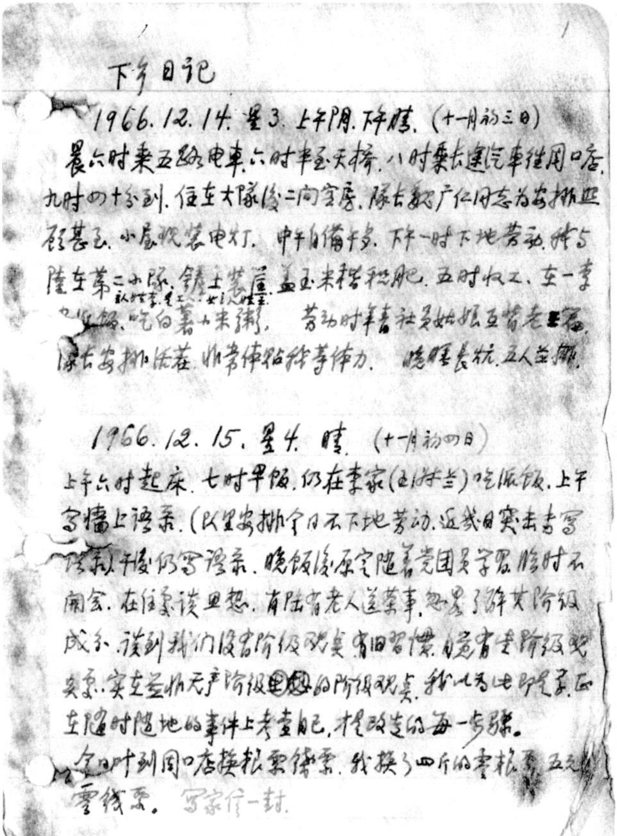

下乡日记

1966.12.14. 星3. 上午阴. 下午晴. （十一月初三日）

晨六时乘五路电车，六时半至天桥，八时乘长途汽车往周口店，九时四十分到。住在大队后二间空房。队长魏广仁同志为安排[illegible]甚至，小屋晚装电灯。中午自备干粮。下午一时下地劳动，往5队在第二小队，锄土装运玉米秸积肥。五时收工。在一李[illegible]（认姓李，是工人，女主人姓王）吃白薯、小米粥。劳动时年青社员姑娘互带老[illegible]。队长安排活茬，非常体贴我等体力。晚睡长炕，五人并排。

1966.12.15. 星4. 晴 （十一月初四日）

上午六时起床。七时早饭，仍在李家（王[illegible]）吃派饭。上午写墙上语录。（队里安排今日不下地劳动，近几日突击书写语录）午后仍写语录。晚饭后原定随着党团员学习，临时不开会。在住家谈思想，有陆省老人送菜事，忽略了解其阶级成分。谈到我们没有阶级观点，有旧习惯，随着资产阶级思想，实在是非无产阶级的阶级观点。我以为也可见了，应在随时随地的事件上考查自己，检改造的每一步骤。

今日中午到周口店换粮票储票。我换了四斤的全国粮票，五元零钱票。写家信一封。

下乡日记（一）

1966.12.16. 星5.（构立日）冷.

上午写墙上语录. 下午核对所印一石字语录. 核墙仍写墙上语录. 阵某家行. 写语录诗言.

晚随二队中一小组开学习会. 会上听到莲阳风是好学主席著作的典型学言达一岁时挨卖三次. 后你善学报. 今四十一岁. 自学习主席著作以. 人富不还写. 为五保户扶健辞. 以自己奶养小猪. 专诚革军的尔子学习语录里纪莫证老董店瑞.

1966.12.17. 星6.（拍午时）稍暖.

上下午俱写语录. 晚五人开生活会. 阵去医疗队看嗽喉.

生活会莫言: 1. 农民垫委言度受授星. 2. 农民纯扑重诚我们省阶级方报. 3. 农民向工学. 我说载十又是双里界忘. 一房学不会理. 二言说做语（若点说载十又. 回应义也）. 4. 自己怕苦. 写语录手凉时怕血块. 热到绕言庐语录. 方那了此要. 5. 农民以我讷为客人. 廿学小子生医发今人颇书皆收虫字时.

下乡日记（二）

5

1967. 1. 5. 星4 (廿五日) 晴和暖.

上午劳动. 起土. 午后同大队担煤末养土. 下午学习. 读秦山路特讯厂绝工揭表等妇女反动女母杨继三李毒的斗争经过. 讨论作日读原世题为体会. (傍晚大家向院运委写信表生产板绝经过.音板黄.今日付邮)

晴来读读糖面及地主制制读记. 根据听. 官古家作为家乡记.

李毛青下 ████████ 中农 本民一队纲兼美, 50岁.

今川派饭在杨 ██家. 写条作, 次加发. 今接到小伙所家文华一作 因地气写胶圈日庆村. 紋误. 今晚特到.

1967. 1. 6. 星5 (廿六日) 晴. 和暖.

上午劳动. 起土. 曾言按脉 的十的方. 青私枫绿堇土落美. 好土落黄力 出人茶毛羞轻, 保花老装之代越. 1. 志底扑实. 不考与 会计引征. 2. 太大. 华啫 3. 瑶练. 胡靓果概绝. 下午学习蓄家中寄来之印刷月革. 发扬之北大革命事的. 下午谈信. 今川派饭在 ● 楷练修泉.

夜同大风.

1967. 1. 7. 星6 (廿七日) 晴. 上午大风.

上午劳动. 起土整楷圈. 至仍土坊起土. 苦忙至. 今日瓷幸影乡. 下午小组生活会. 晴谚郭海. 十岁乡师主楷面谈糖. 变若二世. (汉名)

今川派饭至云照绵泉.

下乡日记（三）

007

1967. 1. 8. 星日 (廿八日) 晴和暖.

上午劳动. 在阳畦塔铺牲口棚中篓土. 甚痒. 近午我手不支. 小陈忘我"东怎视在不到了吧. 个口的花."又说."再五不美景.到了秋天冻也把你冻死". 又说."再练一我们了". 也贵年朴实诚恳跃. 真足学师.   午后:在有女被京开会. 全民社员 听许锋科付书记讲解十条. 讲解为人民服务. 全场分组讨论.

栩在青年组. 青年多不发言. (陈光庸说他们未参加小组会.) 探云他情况太久了. 不知何故.   晚饭前. 在医疗队看咳嗽. 括着连片及甘草片. 又要地塞纳的了四片. 晚读房山学习毛著典型. 教学王春. 张凤翥杨凤兰. 各件材料.   今叫版陈的直贾同志.

1967. 1. 9. 星1. (廿九日) 晴和寒.

上午劳动. 今日仍篓马棚. 但铺土猪棒猪. 少异次的轻. 午后. 讨论王春等事运. 晚读毛.   今日版史 张连宗 启山戌

1967. 1. 10. 星2. (卅日) 晴和. 有余风.

上午劳动. 郭东收倒肥. ● 午必攒郭幽荤菜运. 劳到房山写理王春学习材料 27件. 春到郭文荃走. 晚读了郭毛春典型材料.

村中送革命代表. 到春年赤誓向气揣石社   沈崎.   随往卢月来.

大字扰狮罗.   九时六

"文革"初期日记

（1966.1.12—12.13）

1.12　下午

讨论海瑞、讨论吴自批①。

1.13　上午

总结思想部分。

1.14

1.15

继续谈思想总结。

1.31

1966 年春季开学，上午自学布置思考题：

1. 为什么搞半工半读？

2. 文科改革的主要矛盾是什么？

下午漫谈。

1. 半工半读是消灭差别反修防修的措施，也是战备的措施。

---

①　指当时已经发动的"对吴晗新编历史剧《海瑞罢官》的批判"及历史学家、北京市副市长吴晗被迫所作的"自我批评"。

2. 工后再读才实际，更易了解。

3. 文科改革的主要矛盾是世界观问题。

2.1

校党委副书记谢芳春同志报告半工半读问题，传达中央关于半工半读会议的决议①。

下午讨论。

2月3日、4日、5日

参观石钢、座谈。

2.8

上午：系总支召开全系教职工会，谈留学生问题，学习毛主席著作。

下午：全校报告，学习毛主席著作的经验交流。

2.9

工会小组讨论学习毛著的问题。

2.17

讨论程今吾②报告、半工半读方案。

---

① 当时各校纷纷召开传达中共中央关于在教育改革中推行学校"半工半读"方针措施的会议。谢芳春，时任北京师范大学校党委副书记。

② 程今吾（1908—1970），别名宁越，安徽盱眙（今嘉山）人。著名教育家陶行知的学生，1930年毕业于南京晓庄学校，曾任延安八路军抗属子弟学校校长，中共中央宣传部教育研究室研究员。1949年后，历任中央教育部视导司副司长，中共中央宣传部教育处处长、高等教育处处长，1964年起任北京师范大学党委书记兼副校长。为中国共产党第八届代表大会代表。"文革"中受"四人帮"迫害至死。有《程今吾教育文集》行世。

3. 19

学校统战部召开学习毛选座谈会。

3月21日　星期二

参加五年级活动（中五蹲点），同学的政治活动、文体活动可参加。

4：20—5：00 文体活动，5 点以后自由活动。

同学的业务活动，古典文学 6 节学术讨论 2 天，西斋北楼三楼西头。

张晞逸 1 班 1 组梁（张广福）。

李修生 1 班 2 组长之（郭宗克）。

张俊 1 班 3 组黄药眠（　）。

文保 1 班 4 组帆（陈辅成）。

黄会 2 班 1 组龚（335 杨建国）。

石弘、韩 2 班 2 组启（334 周家庆）。

聂 2 班 3 组（许平心）。

绍明 2 班 4 组钟敬文（刘永才）①。

3. 22　星三

五年级二班二组讨论阶级斗争问题。

五年级二班二组：

---

①　当时北京师范大学中文系领导认为正在开展的是一场"文艺批判"，即先在五年级的两个班进行"试点"，将部分教师分到班组参加学习讨论。梁，梁仲华讲师，系总支委员；长之，李长之教授；黄会，应即写作组女教师黄会林；文保，李文保教授，副系主任；韩，韩兆琦讲师，五年级级主任；启，启功副教授；聂，聂石樵讲师；绍明，即女教师李少明，后来成为"文革"中学校里的风云人物。括号里学生的名字有误，陈辅成应为陈富城，许平心应为许平辛。

周家庆（梅凌）①、李长铎、查麟根、蔡长存、陈品楼、杨宁、王秀云、刘新光、胡中孚、林瑞奇、戴经书。

3. 24

讨论清官问题。官有无清贪之别，清官对社会发展有无作用，怎么评价，对清官的评价和对历史遗产的评价问题。

3. 26

五年级二班二组小组讨论红专问题。

3. 29　星二

工会小组谈政治与业务的关系。

4 月 2 日

校统战部召开讨论会，讨论政治与业务问题。

4. 4

系里报告下一段教学措施：

学术讨论与古典文学课及教材建设结合起来。

《史记》各篇与农民战争问题结合讨论。

教师要参加并领导讨论，必要的知识在其中讲。

四年级古典文学讲到唐代。

五年级明代亦然。

现在教材是基本的重点的，如杜甫、司马迁，搞教材写文章。

现代组教师与五年级同学搞近 30 年的教材。

---

① "梅凌"系"梅林"之误，即周家庆同学的异名。林瑞奇，应为林瑞琪。

教学中贯彻批判精神、培养教师队伍。

4.6 星三

讨论突出政治问题。

自己不知何为突出政治，突出后是什么样？

（略）

4.11

批吴晗。总支报告去年 11 月姚批吴①后的形势和当前任务。

（略）

4.13

讨论关于吴晗的问题。

4.18

讨论吴晗的朱元璋，揭邓②。

4.19

揭发批判吴晗、邓拓、廖沫沙的罪行③，程今吾讲话，同学、工人、教师代表发言。（略）

4.20

讨论昨日程校长的报告。

---

① "姚批吴"，指姚文元最早发表的批判吴晗《海瑞罢官》的文章。

② 指对吴晗关于明代开国皇帝朱元璋的研究之批判和揭露时任北京市委宣传部长邓拓的"反党文章"。

③ 指对吴、邓、廖杂文集《燕山夜话》的批判，后上纲为"三家村反党集团"。

4. 22

老教师会，讨论《解放军报》社论。

5. 6　星期五

李容①报告：前二十天的战斗小结，下阶段的任务。（略）

5. 9　星期一

老教师会，漫谈高炬等批邓之文。

5. 11

布置今后讨论范围：

1. 认清阶级斗争形势的问题。

2. 对社论中提出的黑线怎么认识？有没有？有多少？在哪里？

3. 周总理说文化革命是关系到社会主义成功问题，怎样理解。我们怎么参加。

5. 12

九三学社小组讨论吴晗问题。（略）

5. 14

拔牙。

5. 16

因拔牙龈肿请假。

---

① 李容，时任中文系党总支副书记。"文革"后曾任北京师范大学附校办公室主任。

5. 18

讨论、发言，摘录报刊要点。（略）

1966. 5. 20　星期五

老教师会，讨论黑线红线问题①。

5. 23

继续揭批黑线问题、学习文件。

5. 28

揭发批判反党黑帮大会。

6. 1

学习毛主席著作，学习今天《人民日报》社论《横扫一切牛鬼蛇神》，漫谈。

6. 4

程今吾同志传达李雪峰同志报告，"文化大革命的方向"，宣布党中央的几条指示。（略）

6. 8 晚

新市委工作组来了七位，由领导人报告。

---

①　当时内部传达了毛泽东给林彪的一封信，其中强调指出："学制要缩短，教育要革命，资产阶级知识分子统治我们学校的现象，再也不能继续下去了。"根据这个指示，认为从 1949 年到 1966 年 17 年的中国教育界贯穿的"是一条资产阶级的黑线"，而"不是无产阶级的红线"，要"彻底砸烂"。

6.10

核心组名单：

闻惠（中五）邓晋涛（中四）唐改奇（中四）

苗复泉（中四）孔祥中（中四）王宏泽（中二）

单兆正（中三）墨元守（中二）焦先庆（中二）

郑芸芸（中五）柴建衡（中五）李克臣（中四）

李少明、徐健、刘锡庆、刘庆福、石弘①。

6.11

上午看大字报，下午读社论《无产阶级文化大革命万岁》，读后座谈，揭旧总支领导情况。

6.13

传达李少明核心组指示，今后：上午开会，下午学文件看大字报。

6.14

工作组孙有馀同志②报告：

---

① 当时中文系党总支为了加强对"文艺批判"的领导，从各年级挑选班、团干部或"写作水平高"的学生组成"大批判核心小组"，集中撰写批判文章，指定老师"把关"。这个举动后来被指责为"抹杀阶级斗争，转移大方向"的"阴谋"，"核心组"即遭解散。闻惠，应为闻翔，闻一多先生之女；墨元守，应为莫元首；郑芸芸，应为郑云云；柴建衡，应为柴剑虹。李少明等5人为教师。

② 孙有馀应为孙友余（1915—1998），安徽寿县人。上海交通大学肄业。1938年加入中国共产党。曾任中央军委三局器材厂技术指导员、通信学校中队长。1940年后在中共中央南方局任秘密交通。建国后，历任纺织工业部处长，第二机械工业部副局长，第一机械工业部局长、副部长，国务院机械工业委员会副主任，国家经委经济管理研究中心常委，中国企业管理协会第一届理事长。曾任第五届全国政协委员。1998年逝世。1966年6月1日北

"形势迅猛异常，左派力量占绝对优势"……（略）。

6.15

全系大会，写大字报揭发批判。

6.16

写大字报。钟、启合写揭方铭①二条一张贴出。

6.17

上午学习文件《湖南农民运动考察报告》四节。

下午写大字报。

6.18

工作组报告："昨早教育系辅导员蔡钦山②自杀是叛变行为；戴高帽游行、罚站、打人是可以理解的，但对运动发展不利"……（略）。

6.19

全日休息。

＊（接上页注）京大学聂元梓的"第一张马列主义大字报"发表后，"无产阶级文化大革命"正式发动，各高校纷纷进驻"工作组"，时任一机部副部长的孙友余被派至北京师范大学做工作组组长。孙后亦被指责为"执行资产阶级反动路线"而遭批判、撤换、迫害。

① 方铭（1917—?），原名胡文新，系中共中央宣传部门负责人胡乔木的胞妹，时任北京师范大学主管文科教学的副教务长。

② 蔡钦山老师当时担任教育系学生辅导员，因遭批斗并对这一场"阶级斗争"想不通而自杀身亡，当时还有教育系著名的教授石磬从主楼七楼跳楼身亡。

6. 20

传达李少明指示，放手发动群众，大家要动起来。史锡尧说明斗争陈灿大会情况，曹述敬说明斗争方铭情况。

上午 10：30 工作组长孙有馀报告。（略）

6. 22

上午学习《关于正确处理人民内部矛盾的问题》。

下午写大字报，康、启合写揭发牛栏山时事的大字报。

6. 23

看新贴出的反动大字报，有余成等各件，看毕回来讨论、批判。

下午准备大字报，今日见专批肖①的大字报，部分人参加批二李②的会。

6. 24

上午学习毛主席著作（宣传讲话）。

下午贴大字报，贴出刘、启揭郭预衡编教材事③的大字报。

老教师合写揭刘漠④的大字报二份，签名后贴出。

6. 25

学习昨日社论、漫谈。（《党的阳光照亮文化大革命的道路》）

---

① 肖，指时任北京师范大学中文系系主任的萧璋教授（1909—2001）。

② "二李"，指当时任北京师范大学中文系副系主任的李文保教授及李长之教授。

③ 郭预衡教授时任北京师范大学中文系古典文学教研室党支部书记，当时曾负责编撰《中国文学史》教材。

④ 刘漠，曾任延安鲁迅艺术学院干部、晋察冀边区联合中学文工团指导员，时任北京师范大学中文系主任。

6. 26　星期日

休息，在西四红庙正骨门诊看左臂，经捏、按后贴麝香回
阳膏。

6. 27

自学《宣传会议讲话》。

上午有人听传达报告，老教师组沈①去听。

下午到系里，三时请假到护国寺门诊部针灸左臂。

6. 28

上午我与钟值日、扫除，自学社论（照亮）漫谈。

下午组织编写大字报。

6. 29

李少明同志布置庆祝七一事，会后回组学习，

下午请假在护国寺门诊部做第二次针灸。

6. 30

上午 8 时在北饭厅叫孙友馀传达北京市委李雪峰讲话。形势
三阶段：①5. 8—5 月底何明、高炬文章把［批］三家村提到新
高度。②5. 25—北大聂等大字报，6. 1 公布大字报。③6. 3 改组
北京市委进入新阶段。（以下略）

7. 1

七时半集合入场，八时开会，九时开始游行，在校内游一
大周近十一时散会。

---

① 沈，指当时北京师范大学中文系古典文学教研室的沈藻翔副教授。

7.2

阅读人民日报社论《毛泽东思想万岁》。读后讨论，拟发言稿未发。

……在文化大革命中，以我这样的旧知识分子，更要时时刻刻学习毛主席著作，学到手。怎知学到手？先看能否大破，破敌、破我、破身内外之敌，化为力量。……（略）

7.3　星期日

上午，老教师组全到校，写大字报，揭批郭预衡，合组出名，未分别签名。

7.4

上午学习昨天两篇《红旗》社论：一为《信任群众依靠群众》，一为《彻底批判前北京市委一些主要负责人的修正主义路线》。

7.5

学习《红旗》杂志发表《在延安文艺座谈会上的讲话》的按语，批判周扬。

7.6

工作组传达国务院、军委关于枪枝弹药清理登记的请示。

7.7

系工作组召开全系教职员会，布置选举事，条件是革命左派，下午酝酿选举，选出李少明为学校文革委员。

7.8

酝酿选举师生代表，教师中选出五人：李少明、徐健、何乃英、石弘、钟子翱。

下午讨论七月份战斗计划。

7.9

系工作组召开全系大会，李少明传达校革委会第一次会。工作组要求登记个人的问题，个人历史从十岁起逐年逐月分清次序写明，叙述历史上重大问题的详细经过。

7.10 星期日

休息，写大字报，与爱人到市场买物。

7.11

上午写大字报，九时请假诊左臂，针灸第三次，

下午学习延安文艺讲话。

7.12

上午，全校大会，宣布全校革命委员会成立，师生代表大会成立。

下午，漫谈批程今吾。

7.13

批程今吾大会，批程反对毛主席思想。

7.14

交个人历史材料。

批程今吾解放前的文章《延安一学校》。

7.15

批程大会休会，系里布置老教师谈李容材料。

7.16

批程大会在北饭厅开，中文系仍在 301 听。

晚上吴德同志报告，北京新市委决定，撤销师大工作组孙友馀的职务，因孙未贯彻执行中央文革的方针路线，……（略）派刘卓甫[1]为师大工作组长、党委书记。

7.17　星期日

休息。

7.21

上午孙友馀检查。

下午，李少明传达刘卓甫讲话，关于援越抗美，中央决定 22 日首都百万人大会各界通电，会后游行（过去游行 50 万人），每人要突出政治，防暑，风雨雷电都不怕，以团连排班编队，十人编一组，听指挥、带红旗、宣传标语、口号、横幅、活报剧、领袖像，师大在人大会堂前，6 时至 6 时半到场，中文系去 420 人，走去，途经新街口、丁字街、府右街、西四新华书店门口（4：30 前到达）。明天 2 点起床，2：20 吃饭，3 点集合出发，带水壶、带一顿饭、草帽雨具，不许光脚、背心，今晚 8 时睡。

---

① 刘卓甫（1911—1993），直隶祁县（今河北安国）人。1936 年毕业于北平师范大学生物系。同年作为中国篮球队队员参加了在柏林举行的第十一届奥运会。1938 年加入中国共产党。曾任深县县长、八路军一二〇师司令部政治协理员、晋绥贸易总公司副经理、西北农民银行副行长、陕甘宁边区工商厅副厅长。建国后，历任西南军政委员会贸易部副部长，西南行政委员会财经委员会副主任，商业部、农产品采购部、城市服务部副部长，云南省副省长，中共云南省委书记，全国物价委员会副主任，国家物价总局局长，国务院经济技术社会发展研究中心顾问，中国价格学会会长。是中共十二大代表，第五、六届全国人大代表。

7.22

看坏电影《桃花扇》。

7.23

上午 8 时在组中学习，九时全校大会重播吴德报告录音。
讨论孙友馀检查。

7.24　星期日

上下午休息，晚上到系里参加小组讨论孙友馀影响。

7.25

继续讨论孙友馀影响，下午学习毛主席著作看大字报。

7.26

上午值日。
下午学习人民日报社论及关于毛主席游泳的报导。

7.28

放送昨晚中央文革小组到校的讲话录音①。（略）

7.29

九时广播新市委的决定，撤销各大专学校的工作组，中学
同此。

---

① 1966 年 7 月 27 日晚，江青、康生等率领"中央文革小组"成员在北京师范大学操场召集群众大会煽风点火，康生在讲话中公开点名"大黑帮程今吾"、"大右派黄药眠"等，掀起批斗干部和教师的狂潮。

7. 30

上午广播昨日下午人大会堂大会实况录音，李雪峰讲话、邓小平讲话、周恩来讲话、刘少奇讲话（讲话内容略）。

下午请假看病，量血压 160/110 额上麻木，右脸流汗，左脸不流，左脸有时麻木一丝，经久不止，左臂麻痛，在福绥境诊所看，吴大夫诊，云是血压上升所致，给三天药再看。

1966. 7. 31　星日休息

马四①拉在北海乘凉休息。

1966. 8. 1　星 1　上午

8：15 广播：北京市提高粮食统购统销价格宣传提纲，53 年以来，13 年未变，偏低。58、61 年两次提高，共 28% 左右，六月提统购，6 种成品粮提 11%，北京 6 种粮提 5%。

8：45 播送刘英俊同志事迹。讨论粮食报告，一小时，10 时看大字报。下午集组中，四时看大字报。

1966. 8. 2　星 2

上午值日扫除，学文件。

下午请假看病，仍服降血压药，晚有大辩论，自八时至晨 7 时。

1966. 8. 3　星 3

上午到系，十时下楼看大字报，下午到系，又看大字报。

---

① 马四，即启功儿时的同学和朋友马锡章（1913—?），曾任北京师范大学俄语系教员。

1966.8.4　星4　热

上午到系，又看大字报，气弱不接，早归睡够时，近午传达关锋同志谈话，号召学生团结、不互攻。转入选筹委。

下午到系，讨论关锋谈话，再谈酝酿人名。

1966.8.5　星5　热

上午，第五组值日扫楼道，学习文件，看大字报。

下午，到组写大字报，警告黑帮分子汪毓馥、梁仲华①好好交代，全组签名（穆、钟、黄未签，未许其签②）。

1966.8.6　星6　热

上午到组，学文件。

1966.8.7　星日　热

休息。

1966.8.8　星1　热

上午学习，下午集会后看大字报，晚广播文革决定16条。

1966.8.9　星2

上午学习十六条，下午集会后看大字报。

---

①　汪毓馥，时任中文系党总支书记。梁仲华，文艺理论教员，时任中文系党总支委员、大批判核心组负责人。

②　穆，穆木天（1900—1971），原名穆敬熙，吉林伊通人，中国现代诗人、翻译家。钟，钟敬文（1903—2002），原名钟谭宗，广东汕尾海丰人。毕生致力于教育事业和民间文学、民俗学的研究和创作，贡献卓著。黄，黄药眠（1903—1987），原名黄访、黄恍，广东梅县人。早年曾担任中国共产党驻共产国际代表，政治活动家，著名文学家、诗人、文艺理论家、教育家和新闻工作者。三人均系师大中文系著名教授，亦均在1957年被打成"右派"。

1966. 8. 10　星3

上午学习十六条。

上午9时半听广播，毛主席给林彪同志的信。

1966. 8. 11　星4　热

上午，看大字报，九时半，自学中央文革决定十六条。

下午，讨论选举办法。

1. 人数17—21；2. 比例每系一人，大系二人；3. 选法普选（？）；4. 名额内有教职工各几人。

1966. 8. 12　星5　热

上午，发毛选，大会，游行。下午传达：中共北京市委关于撤出大中学校的通知。根据中央决定市委派出的工作组至今尚未撤出的，在接到通知后，于最近两三日内，工作组的全体人员，全部撤出，集中整训。（以下略）

会后讨论。

1966. 8. 13　星6　热

上午，系中全体集合后，由工作组许尚运检查，临时改变，许不检查，讨论选筹委联络人代表问题，辩论系核心组存在问题①。

下午，看大字报，石弘临时召集会，八届十一中全会公报发表。

---

① 此次开会是为筹建校、系两级"革委会"做组织准备；所谓"辩论"是为了定调子，认为6月初成立系大批判核心组是"假批判，真保皇"，随即宣布核心组解散。

1966. 8. 14　星日　雨

休息。

1966. 8. 15　星1　晚雨，通夜

上午看大字报，学习文件，下午看大字报。

1966. 8. 16　星2　夏历七月初一　雨

上午，8：30文革会宣布批判孙有馀（今晚明日下午）。学习文件。

1966. 8. 17　星3　晴

上午、下午到组学习，看大字报。

1966. 8. 18　星4　晴

上午天安门庆祝文革大会，在家听广播，下午三时到校，看大字报。

1966. 8. 19　星5

上午7：30到系，古典组值日扫除。看大字报。

下午系中师生在八楼开辩论会。

1966. 8. 20　星6

上午，继续开辩论会，在北饭厅。

下午，组中集会后看大字报。

1966. 8. 21　星日

上下午休息，晚斗孙有馀，各商店取消旧字号，红卫兵提出禁止流氓服装。

1966.8.22　星1

上午，看大字报，组中集体学习十六条。

1966.8.23　星2

1966.8.24　星3

从房管所领表寄给房东于振芳。

1966.8.25　星四

早晨发出寄于振芳的信，学校红卫兵通牒降工资登记，去登记。

1966.8.26　星5

上午文革筹委会召开大会，会后九三临时系谈退社、解散事。下午红卫兵命令解散退社，限明日上午贴出大字报。

1966.8.27　星6

上下午学习看大字报，下午报告红卫兵，愿交出所有自存一切书籍等物，晚红卫兵到家查封书籍等①。

向系中红卫兵交代所封的书稿中有：旧小说、日文美术书、老舍猫城记、小牛牌、帽徽记不得、旧铜元两小包约几十个、

---

① 当天"中文系大队红卫兵"王永敬、彭加瑾等同学，抢在造反派"挺进大队"之前，到启功先生家中，将红卫兵组织的封条贴在书柜上，保护了启功先生的书籍免遭抄检劫运。启功先生对此事一直心存感激之意。王、彭二位后来亦因张贴质疑"中央文革"的大字报被打成"反革命"。

银元一个，预支稿费还上、章家棉衣棉套一柳箱、刘盼遂①书二套。

1966.8.28　星日

未出门，休息，下午到邮局寄还中华书局前预付《中国书法》一稿稿费二百元。（此已报红卫兵，指示如此。）

1966.8.29　星1

上午学习，下午看大字报，晚休息。

闻清华附中红卫兵出十条估计的呼吁书。

1966.8.30　星2

上午值日扫除，学习，看大字报，下午到组，晚泄肚。

1966.8.31　星3　有雨

上午到组，泄肚，下午请假。

1966.9.1　星4

上午学习，旋开全系会，到不全，解散教研组学习形式，将分到学生组中，校筹委会提出斗争程金吾方针，各组讨论。腹泄服黄连片，身冷，下午请假。

1966.9.2　星5

上午下午到组，看大字报。

---

① 刘盼遂（1896—1966），原名刘铭志，著名文史专家、语言学家，曾任清华大学副教授，后任北京师范大学教授，"文革"初期在北京中学生红卫兵抄家时与夫人一起被残害至死。有《刘盼遂文集》行世。

1966.9.3 星6 冷

晨广播台风预报，早到校，全校辩论会，辩论斗程金吾问题。近午进城到房管局，询问房东是否寄来房契，据云未寄，即将再写信。下午到组，辩论大会续开。

1966.9.4 星日 阴有小雨，晚晴

休息，终日未出门，今日发寄于振芳房东信，催其速寄房契来。

1966.9.5 星1

到组，发工资，摘帽右派按人口每人十五元，共领30元。

1966.9.6 星2

到组，晚斗程金吾大会。

1966.9.7 星3

到组，晚斗程大会。

1966.9.8 星4

到组，上午搬屋子，由东头大室搬至次西一间。

今日于振芳寄到房契，下午全校布置国庆准备事项。会上有人递条，驱穆、启①出场，即退出。

1966.9.9 星5

上午先到沈藻翔家，问今日参加何处会，沈云只好先到组

---

① 穆即穆木天，启即启功，二人被造反派勒令驱离布置国庆准备工作会场。

中，即到组，下午仍到组。

1966. 9. 10　星6

上午到组，十时筹委会宣布斗争程金吾方案，中文系原定斗李容会改明日。

1966. 9. 11　星日

上午八时半中文系斗黑帮，十一时半散，下午休息。

1966. 9. 12　星1

上午到组，古典组教研室被用作接待外地同学宿室，老教师组自行解散，搬移全室书柜等物，归于一室，然后下楼散去。下午在家等待同学来画头像（据穆云有同学将来画）。傍晚葛信益来通知，明早九时随延堂①召集陆②、肖、穆、启等谈话。

1966. 9. 13　星2

上午八时到隋宿舍，隋布置学习办法，肖、陆、葛、穆、启自己组织起来，学习主席著作，学习文件社论，揭发问题交代问题。下午劳动。

---

① 葛信益，时任师大中文系现代汉语教研室副教授。随延堂，应为隋延堂，当时系中文系四年级学生（原1961级学生，因古汉语课不及格留级），以留级是"工农子弟受迫害"为由造反，成为管理老教师的"负责人"，后因经济问题受处分。以下日记中的"隋"均指此人。
② 陆，即著名语言文字学家陆宗达教授（1905—1988），字颖民（一作颖明），浙江慈溪人。国学大师黄侃的高足，历任上海暨南大学讲师，后曾历任北京大学预科讲师、辅仁大学讲师、中国大学讲师、东北大学讲师、民国大学教授、北京师范大学教授、中国社会科学院语言研究所学术委员会委员、《中国语文》编委会委员等。

下午二时半，到西北楼①打扫，五时半毕。（下决心，从思想上改造自己，思想指挥身体。）

1966.9.14　星3

上午到624清理室内什物，布置桌椅，为今后学习室，谈计划，肖汇报，隋来看学习室。下午扫宿舍忽临时改刷主楼门面（有畏难想，怕高，但也克服，未净），当日下午未完，晚筹委会报告大会，穆、启不参加。

1966.9.15　星4

上午继续刷主楼门面，上午未完，下午继刷，因需刷处增加，晚自学在家看语录，补日间未学的（今日自学被劳动挤掉，故晚间自学）。

今日下午天安门大会，主席和其他领导同志接见外地串联②师生。

1966.9.16　星5

上午到组自学（起床时听昨日天安门大会录音）。自学毕漫谈、谈自己对这样学习劳动的认识，李谈扫厕是一关，自谈想到老刘扫厕，自己如觉不该，即是剥阶丑罪思想。下午刷门窗，

---

①　西北楼当时系北京师范大学中文、外语、体育系男生宿舍楼，造反派勒令一些老教授到楼中打扫楼道、厕所，接受"劳动改造"。

②　"串联"，指"文革"开始后全国兴起的"革命大串联"，数以千万计的"红卫兵和革命群众"可以免费乘坐汽车、火车等交通工具到北京来接受"毛主席检阅"和到全国各地进行活动，造成全国交通与食宿的极度拥挤、混乱。

今日刷毕。下午四时刷毕往西看大字报，未及看，九三①有人来了解牟小东事，谈一小时馀，买馒头晚餐到葛家饮水，七时馀大会斗争程金吾，十时馀赶车归，因入城后尚须换车。

1966.9.17　星6

上午六时馀广播《红旗》社论，到组，再听广播，讨论《红旗》社论，并讨论自己这周的思想。

发言：1.《红旗》社论有三项明确的：一、资阶右派资义思想立场是最危险的敌人，它能通过党内当权派使社会主义国家变色。二、整走资路当权派，即为堵塞此危机。三、炮打司令部不是打一切领导同志，混水摸鱼是绝不允许的。

2. 自己犯过右派罪行，虽蒙宽大处理过，但是并未改好的，不管群众对我如何宽大，我还自己应以赎罪改过为中心，革自己的命，决不让自己这个人再成绊脚石。

这周心得：①看主席著作较能深入一步，觉得给我真理，给我力量。②学习文件，也能比较踏实想：想社义社会的前途，如无此文化大革命，将成什么样，许多罪恶的地主官僚资本家隐藏财宝作为他们再次骑在人民头上的资本，不这样搞一下行不行，心情舒畅。③劳动是赎罪的机会，怕脏怕累的思想能克服些，但下意识、灵魂深处并未全净，还有怕危险的一种思想，我曾强调别出事故，这并不错，但其深处也有自己怕危险的因素。

上午10时，小饭厅，全系大会，师生结合问题。（唐改奇同志讲。）下段战斗布署。

---

① "九三"，指民主党派九三学社，启功先生曾任九三学社北京分社委员，1958年因被戴上"右派"帽子而撤销。牟小东，启功先生友人牟润孙之弟，亦为"九三"成员，"文革"后曾任九三学社北京分社负责人，北京市佛教协会副会长。

下午原定斗程大会，临时改为晚间，三至五时劳动。扫厕所楼道。晚七时斗程金吾大会。

1966.9.18　星日

在家想问题，写材料，准备揭发，未写清。

1966.9.19　星1

上午在组中讨论（继续前天），讨论《红旗》社论及劳动情况。十时后自学文件，下午劳动（扫楼道，不会用拖把，葛教，临时学）。

1966.9.20　星2

上午8—10，自学文件，10后看大字报，下午劳动扫楼道，运纸箱，甚吃力（肖刷厕干净）。（想到从前扫厕多看人，恐人见己。今知看活儿，何者未净，应再进一步看罪行，看思想，看劳动人民，看革命事业。）

1966.9.21　星3

上午8—10自学，10后写材料，老葛锁门，即回家写。

下午扫除楼道。文博所文革会来人了解王辉材料，谈至五时馀，晚在家想材料问题。（谈后未到各层楼道找别人看活儿完否。）交材料（第一次）。

1966.9.22　星4

上午学习，下午劳动，扫三层的楼道厕所，擦玻璃（一楼的），发现洗脸间案上有积物，未及时清除，留到明天不对。晚毛著学习讲用会。

1966.9.23　星5

上午学习，下午劳动，扫楼厕，擦玻璃，晚斗程大会。

1966.9.24　星6

上午学习，下午劳动，扫楼厕，擦玻璃，晚无会，今日劳动擦玻璃有怕高的思想①，仍是怕危险，交揭发郭预衡编教材的材料（第二次）。

1966.9.25　星日

休息，想材料，写材料未完，打扫院子，拆兔窝，清洁卫生迎接十一。

1966.9.26　星1

上午，到组，学习，今日上午大操场报告国庆动员，本组人未参加，学习后讨论如何投入一斗二批三改。

1966.9.27　星2

上午学习，继续昨天漫谈这段收获，我两日记录，今日发言。

下午劳动，扫除楼厕，擦玻璃毕。（今日上高处较多，只是不向下看，即不眼晕，逐渐克服。）交材料（第三次）。

1966.9.28　星3

上午学习，十时后看大字报，下午扫楼厕，今日各室扫除，垃圾甚多，扫除数筐。

---

①　当时中文系在主楼六楼办公，造反派让启功等教师爬上窗台擦玻璃。

1966.9.29　星4

上午学习,十时后写材料,未完,下午扫除楼厕,晚有晚会,先演节目,后 32111 工地英雄报告救火事迹。

1966.9.30　星5

上午学习,下午劳动扫厕,晚无事,自明日起,放假三日。

1966.10.1　星6

上午 10 时起听天安门大会实况录音,至下午三时四十分散会,盛况空前,足见七亿人民在伟大的毛主席领导下的无比团结和无穷的力量,晚放焰火。次日见报,登有毛主席席地而坐观看焰火的摄影,激动人心。

2 日,3 日,俱在家,未出门,3 日下午头眩,是着凉之故,服 apc,早睡。

1966.10.4　星2

上午筹委会刘兴隆同志代表检查印发谭立夫①发言记录,检查内容:

1. 谭说 20 年代观点与 60 年代观点不同,反主席思想。

2. 为工大的工作组辩护。

3. 客观上对少数派形成压力,对井岗山战斗团形成压力。

---

① 谭立夫,应为谭力夫(1942—),1966 年加入中国共产党,当时系北京工业大学无线电系四年级学生。"文革"初成为北工大红卫兵负责人,在本校发表保工作组的"8·20发言",因宣扬"老子英雄儿好汉"的血统论闻名全国,旋被陈伯达及"中央文革"认定为"对抗文革纲领",受到批斗,一度入狱。后改名谭斌,1994 年任国家图书馆党委书记兼常务副馆长,1996 年任文化部办公厅主任,1997 年任故宫博物院党委书记兼副院长,2003 年底退休。

4. 不能只限谭的问题，要更大的。

井岗山战斗团代表发言。

1966. 10. 5　星 3

上午学习，下午劳动。

1966. 10. 6　星 4

上午学习，讨论批判谭力夫发言，下午劳动。

今日街道粮店询问为何封书，五七年右派是否摘帽，摘后是否再犯错误，以决定售粮标准，要学校证明。

1966. 10. 7　星 5

上午学习，批判谭力夫发言，我发言另见学习笔记，与随延堂同志谈粮店事，随说研究后再谈，下午劳动。

1966. 10. 8　星 6

上午学习，下午听全校辩论会，用去污粉洗尿池有效。

1966. 10. 9　星日

整日休息，下午同爱人到西直门外漫步，买食品菜蔬归。

1966. 10. 10　星 1

上午听传达中央三个文件，对军委意见的批示，财贸十条，工矿等红卫兵问题，听后归组，葛念传印周总理 10. 3 日讲话，下午劳动，早散，看大字报。晚继续辩论大会，因雨移室内。今日向隋延堂同志问如何答复粮店，隋嘱开来粮店电话，归问明粮店。

1966. 10. 11　星2

上午学习，下午劳动，上午讨论军委指示中央批示。（军委学校开展文革办法，去掉被压制的左派群众的材料等。）

1966. 10. 12　星3

上午学习，读社论，讨论反右倾路线的问题。

拟发言：1. 谭力夫发言的错误已明，但我昨天想筹委会除了印谭发言外，也一般都作了，如斗程、斗各牛鬼，怎为右倾，怎为资路，脑中不够明白了然。2. 经过看大字报，思考了然一些，首先是否按主席思想办事，发动群众够不够，少数派解放了没有，思想上是否已与谭力夫思潮划清界限。3. 那天争论读语录问题，我即晕了不知何对何错，这必须用主席思想判断，因为红旗革命者能打，反红旗的人也能打，如不能识别，即易犯错，此是锻炼。4. 我有保姆思想，此是安于旧习惯。

1966. 10. 13　星4

上午学习，讨论右倾路线问题。下午劳动，见红卫兵王永敬，谈粮店要证明事，王嘱向派出所谈，即找派出所，云仍须革委会出证明。

1966. 10. 14　星5

上午学习，下午劳动，上午找到中文系文革小组吴世良同志，为开证明，下午交给粮店。（先请派出所过目。）

证明信：

南草厂粮店负责同志：

兹有师大中文系教师启功，五七年曾划为右派，五九年摘帽，五九年以后还未戴过其它帽子，封书之事是因为我系红卫兵扫"四旧"时干的，别无他因。粮食待遇请按规定处理。
此致

师大中文系临时领导小组
（北京师大中文系文化革命委员会印章）
一九六六年十月十四日上午

1966.10.15　星6

上午学习，下午劳动，上午漫谈反右倾路线问题。

1966.10.16　星日

休息。

1966.10.17　星1

上午学习，漫谈如何学习主席著作，下午劳动。

1966.10.18　星2

上午因天安门大会，全市交通车暂停，徒步至校，学习老三篇。（今日开始学习老三篇①，自思不能在第一日即缺席，尤其应在用字上下功夫，徒走亦须走到。）

1966.10.19　星3

上午学习，十时筹委传达华北局北京市委关于学习钻井队，学习主席著作，传达周总理讲话。下午劳动，前晚口号二种问题大字报揭出拟问。

---

①　老三篇，即毛泽东的《为人民服务》、《纪念白求恩》、《愚公移山》三篇文章。当时因林彪提倡而在全国掀起"学习老三篇"的运动，要求"活学活用"，"在用字上狠下工夫"。

1966. 10. 20　星4

上午学习，漫谈连日反右倾路线斗争情况，原定学习老三篇因漫谈近日情况而挤掉。

1966. 10. 21　星5

上午学习，下午劳动。

1966. 10. 22　星6

上午学习，下午劳动。

1966. 10. 23　星日

休息，晚到校，讲用大会。

1966. 10. 24　星1

上午学习，今日新闻报导苏令中国留学生休学回国，外交部照会抗议，校内大字报记国务院紧急通知自今四天内外地师生暂停来京，调整人数，今来京已过150万人。

1966. 10. 25　星2

上午学习，阅读老三篇，下午到教育部看大字报，到家已昏黑，车太挤。

1966. 10. 26　星3

上午到组学习，漫谈昨看大字报事。

1966. 10. 27　星4

上午漫谈长征问题，下午劳动，夜宣布导弹成功。

1966. 10. 28　星5

上午学习，谈导弹成功问题，写贺信，写大字报，再谈长征问题，下午劳动。

学习老三篇总结劳动：

1. 渐熟练，但有局限，看不出活。由于过去不劳，家事由人管，剥阶生活习惯。

2. 愿人见己成绩，不敢口说，心有，请葛看质量，是流露，禁得起检查。

3. 有干不了的事，墩布太沉，拖不好，后换小的。

4. 怕人，愿人见，愿外人见（私杂）。

5. 曾不知如何一扫赎一罪，而是改造思想意识，如何看待劳动，是否甘心作勤务员。

6. 如今后派作本楼勤务员，有无"屈材"之心，白求恩不"鄙薄技术微不足道"。

7. 昨想到帝洋曾说中国人脏，今一楼洁净，也是一种工作，与民族光荣有关的工作。

8. "低级趣味的人"初只觉指流氓、嬉皮、无赖等，今知与人民无益剥阶思想都是低级趣味，作为人民勤务员是不低级趣味。

1966. 10. 29　星6

上午学习，下午劳动。

1966. 10. 30　星日

休息。

1966. 10. 31　星1

上午到组学习。

1966.11.1　星2

今日请假，十时往系中通电话找葛请假，服药。

1966.11.2　星3

今日因风疹请假，未能通电话。

1966.11.3　星4

上午学习，下午因风疹请假，今日主席第六次接见外地师生。

1966.11.4　星5

上午学习，下午到中宣部看大字报，今日发工资，30 元。

1966.11.5　星6

上午学习，下午劳动。

1966.11.6　星日

休息，夜风疹复发奇痒彻夜不安。

1966.11.7　星1

上午学习，漫谈《红旗》14 期社论，到校医院诊湿疹，注射溴化钙，静脉一针。下午劳动。

1966.11.8　星2

上午学习，漫谈主席致阿尔巴尼亚五大贺电，中午至校医院续注第二针，下午到文联看大字报。

1966.11.9　星3

上午漫谈昨日文联大字报。中午到校医院打第三针，下午劳动。

1966.11.10　星4

上午毛主席第七次接见外地师生，全市无车，徒步走至校，学习。中午在太平庄午饭，饭后在624室休息，下午劳动，徒步而归。

1966.11.11　星5

上午请假，主席（第七次）接见群众之第二天，仍无车，昨夜身痒未睡，晨起力疲，无法走去。下午走至校，未劳动（原组决定今日不劳动出去看大字报）。至电影学院看大字报，走归。

1966.11.12　星6

上午到校学习，下午劳动。劳动后到西单乐仁堂看病，医生今日下午学习不在，车挤，徒步归。

1966.11.13　星日

休息。

1966.11.14　星1

上午到校学习，传读陈伯达同志关于二个月（10月24日）来文化革命总结报告（某中学油印材料）。劳动。

1966.11.15　星2

上午到组，肖谈如何订今后学习规划，下午到文化部看大字报。

1966.11.16　星3

上午到组，葛谈昨晚传达周总理在 14 日讲话，20 以后暂停免费乘车，暂停一段时间串联，放假到明年暑假后。今日下午劳动，将皮猴大衣挂在西北楼一楼东头厕内遗失，报给保卫科。

1966.11.17　星4

上午到组，葛传达周总理讲话录音。十时馀后到系红卫兵中队部报告失衣事，请求将衣箱封条打开取出先母皮衣以备改做大衣（程国新同志①接头），下午中队部王起兰同志到家启封拿皮衣，下午到校劳动。

1966.11.18　星5

上午到组学习，下午到中宣部看大字报。

1966.11.19　星6

上午学习，下午劳动。

1966.11.20　星日

上午看陈老②，略谈，辞归，老人体尚好，只耳目更昏，午后休息。

1966.11.21　星1

上午到组学习，十时全校开会，报告接待工作，呼吁腾房间，为串联同志住，师大须接住三万人。下午扫除，山西六中

---

① 程国新，应为程国姓，当时系中文系四年级的学生。
② 陈老，即北京师范大学老校长、著名教育家陈垣（援庵）先生。

一同志来了解关于傅山①事，详谈 61 秋冬时牛树坛来求鉴画事及 64 始至 65 春钟信求看序言等事，65 春在钟家吃饭商写说明事。伊询及邓拓、黄胄、侯恺、侯外庐②等。我俱不相识或无往来，提及侯外庐捐给历史博物馆傅山大修篆字幅事。下午自家拿一旧毯来支援串联人用（次日退回未收，因接待站无收条，并已买了几千条毯，可暂不用此）。

1966. 11. 22　星 2

上午学习，下午到教育部看大字报，车极挤，步行来去。

1966. 11. 23　星 3

上午学习，下午劳动。

1966. 11. 24　星 4　大风

上午学习，下午劳动，下午有文化部一姓张同志（工作同志），到家来访，未留。云先到校，云在家，到家，尚未归，云明日再访，晚葛来电话，云明日到校（勿到北大去看大字报，原订明日去）。

1966. 11. 25　星 5

上午 22 路无车，步行到校，闻今日主席接见串接群众，到

---

① 傅山（1606—1684），即傅青主，山西太原人，明末清初著名书画家。

② 黄胄（1925—1997），原名梁淦堂，河北省蠡县人，著名画家。曾任中国画研究院副院长、炎黄艺术馆馆长、中国美术家协会常务理事、全国政协委员。侯恺（1922—），一名鲁耕，山西左权人，擅长版画，曾在太行山区从事宣传工作，参与创办大众美术社。1950 年后任荣宝斋总经理、党委书记。侯外庐（1903—1987），原名兆麟，又名玉枢，自号外庐，山西平遥人，我国当代著名史学家和教育家，早年曾就读于北京师范大学。

校学习，同读主席语录一章，又数条。十时隋延堂召集老教师开会，谈关于工资补发问题，又提自愿降薪问题，可自报。下午原定自己支配时间，在家写材料。

1966.11.26　星6

上午到组，今日仍是主席接见革命群众，步行到组，肖传达隋指示，我组可下乡下厂。下午劳动。

1966.11.27　星日

今日休息，一日未出门，抄主席诗词，看传印的大字报材料。

1966.11.28　星1

上午到组学习，谈下乡的定义，下午劳动，散后到市场看外衣，拟改做一件御冬，但成做时间过久，车极挤。

1966.11.29　星2

上午到组学习，讨论下乡事，今晨车挤，迟到。十时馀有清华大学"首都红卫兵赴晋造反团"战士任传仲、邢晓光二人来了解关于傅山画集事，谈至中午同去找李行百，路上吃火烧一枚，下午在李家等他回家，见面后，我又被派往董寿平①家要他写材料。归甚晚。

1966.11.30　星3

上午到董家取材料，及《傅山书画选》一册，自己写材料，

---

① 董寿平（1904—1997），原名揆，山西省洪洞县人。著名书画家、美术理论家、鉴赏学家。1926年毕业于北京东方大学经济系，曾任北京中国画研究会名誉会长、中国人民对外友好协会理事，荣宝斋顾问，全国政协委员。

下午在西北楼等候，二人未来。今日听传达报告，因等二人又误了听，四时半将材料留交隋延堂（二人五时半才来，到210、208室未取去材料），将降薪申请书交隋（请由177元降至97元），隋云又有新规定，照发，不再在此次降，以后自愿，方式随便（大意）。

1966.12.1　星4

上午学习，讨论下乡事，任、邢来，同到隋室取材料，认为我的材料不足，当再补，令我去董处取《傅山画集》，董此册已交荣宝斋，电话接头，由其侄女带归，即留晚饭，饭后到其侄女家取册归。

1966.12.2　星5

上午写补充材料（关于钟信曾说李雪峰之话），持册见隋，下午到清华，见邢，约明早同在隋室交册（当晚邢至隋处，未见册），夜发烧，39.1度。

1966.12.3　星6

上午到组，隋、邢、伍在组中交傅册，邢以为昨话不实。发工资，本月全薪。

1966.12.4　星日

发烧，38.4度，爱人亦病。

1966.12.5　星1

在怀仁堂药店诊，刘至中医生诊，误断为阴亏，用生地元参等药，胸膈忽阻，四肢疲惫，发寄董寿平信（邢要其再写详材料）。发寄肖璋信，述病情请假。

致董寿平函

寿平先生：《傅山画集》已交，红卫兵战士为开了带公章的收据，上款是给荣宝斋文革的，《傅传山书画选》亦开了收据，是给私人的。

功自前日重感冒，发烧 39.1 度，今当未全退，收据容亲自送上，不敢附入信函，恐有遗失。

两位战士指出：您前写的材料过简，因您于此事有上下牵线的重要关系，前写材料不够详尽，战士们在山西所知比您写的还多，故此要您速写一份详尽的，速寄太原市山西社会主义学院主楼 416 室清华大学井岗山野战军邢晓光同志收，愈速愈好。此致

敬礼。

启功

1966. 12. 5

1966. 12. 6　星2

请假，看护国寺中医门诊部，桑医生（小女孩）不敢用药，但转刘医方。服无效。董寿平来询详情（傍晚来）。

1966. 12. 7　星3

请假，看护国寺门诊，由邓医生（中年女医）用石膏等药，服有效，曹傍晚来，询病情，谈下乡事。

1966. 12. 8　星4

仍续假，服第二剂药。

1966. 12. 9　星5

上午到组，谈下乡思想，十时同肖、葛入城买漆纸等，下

午诊病未到校。

1966.12.10　星6

上午学习，下午劳动，4 时到组折书页，所印主席语录，预备带下乡的。

1966.12.11　星日

今日又病，食物恶心，身体发冷，下午到诊所看病，人太多，未能看，往系中打电话（今日下午仍折页）。请假，电话三次（2 时、4 时、5 时）俱不通，晚写材料，关于《傅山画集》事，交我校红卫兵的。

1966.12.12　星1

上午到校，决定 14 日走，下午照顾看病，未到组折页。下午到大觉门诊部看，服金霉素等。上午交上关于傅山问题材料。

1966.12.13　星2

上午到校须补发所扣工资 441 元，下午买药，准备行李。

关于四个口袋问题

大字报中，如周纪彬①及沈藻翔等部分老教师的大字报中，都谈到过我的"四个口袋"问题，现在详加交代（时间可能有出入）：

在约 62 年近夏时，旧总支提出所谓发挥潜力的号召，叫老教师们各自贡献"所长"，订出科研计划，并先谈每人擅长什么，想作什么，把各老教师分成几个小组来说，我的一组是刘

---

① 周纪彬，时为北京师范大学中文系古典文学教研室青年教师。

盼遂、杨敏如①、李长之和我，在刘盼遂家开的会。我说我的知识有四个方面，我这四个方面积累的材料各置一处。因平时有些零星札记或草稿，常放在纸袋中，所以我用"口袋"代表这四堆材料，我说我有四个口袋（其实纸口袋很多，每一类并不止一个口袋），这"四个口袋"一是古典文学的一些心得如注释等，包括拟作的诗律研究等；二是关于书法方面的笔记，这方面拟写关于怎样写字的文章；三是文物鉴别方面的笔记，如繁琐考证的《兰亭帖考》；四是清代掌故方面的，这方面写成《读红楼梦札记》。

　　我这时的思想，是想表襮我的"专长"，使人知道我擅长的方面多，也是想在这几个"市场"贴广告，以使将来出卖自己这些罪恶的货底。当时并没听到那时旧总支的当权人物有什么回音，也没人告诉我"批准"我或"指示"我在哪方面着力。今年在大字报上才看到刘漠对于我这"四个口袋"的说法很欣赏。我现在觉得刘漠这样的黑帮分子对我这种表现欣赏完全是合逻辑的，因为我的腐朽的一套罪恶货底，正合他们的口味，他们曾拿了我这说法去毒害青年学生，我有一份罪恶，即使他们没把我的话向同学去说，我只按照我这方向去作文章发表出来，已经罪不容逃了，我那种"治学"观点，"治学"方法、名利思想等等，应该详加检查批判，现在为了交代这事的情况，先写出经过如上。

1966. 10. 30 写 12. 10 交

---

① 杨敏如，著名翻译家杨宪益胞妹，时为北京师范大学中文系外国文学教研室副教授。

下乡日记

(1966. 12. 14—1967. 1. 17)

1966. 12. 14　星3　上午阴下午晴　十一月初三日

晨六时乘五路电车，六时半至天桥，八时乘长途汽车往周口店，九时四十分到，住在大队后二间空房，队长魏广仁同志为安排照顾甚至，小屋现装电灯，中午自备午餐，下午一时下地劳动，我与陆在第二小队，铲土装筐，盖玉米秸积肥，五时收工，在一李家派饭，主人姓李，是工人，女主人姓王，吃白薯小米粥，劳动时年青社员姑娘互背老三篇，队长安排活茬，非常体贴我等体力，晚睡长炕，五人并排。

1966. 12. 15　星4　晴　十一月初四日

上午六时起床，七时早饭，仍在李家（王淑兰）吃派饭，上午写墙上语录（队里安排今日不下地劳动，近几日突击专写语录），午后仍写语录，晚饭后原定随着党团员学习，临时不开会，在住处谈思想，肖、陆有老人送茶事，忽略了解其阶级成分，谈到我们没有阶级观点，有旧习惯，自觉有老阶级观点实在并非无产阶级的阶级观点。我以为此即是学，正在随时随地的事件上考查自己，才是改造的每一步骤。

今日到周口店换粮票钱票，我换了四斤的零粮票，五元零钱票。写家信一封。

1966.12.16　星5　初五日　冷

上午写墙上语录，下午校对所印一百条语录，校后仍写墙上语录，下午发家信，写语录冻手。晚随二队中一个组开学习会，会上听到念张凤兰学习主席著作的典型发言，她十一岁时被卖二次，后作童养媳，今四十一岁，自学习主席著作后，人骂不还骂，为五保户扶持病人，以自己奶喂小猪，告诫参军的儿子学习张思德、黄继光、董存瑞。

1966.12.17　星6　初六日　稍暖

上下午俱写语录，晚五人开生活会，下午在医疗队看咳嗽。

生活会发言：1. 农民热爱主席是救星；2. 农民纯朴真诚，我们有阶级劣根；3. 农民问工资，我说几十元，是双重罪恶，一是高薪不合理，二是说假话（肖亦说几十元，四清如此）；4. 自己怕苦写语录手冻时活思想，想到是为写主席语录，克服了此想；5. 农民以我们为客人，甘当小学生须先令人愿收肯收此学生。

1966.12.18　星日　初七日　阴

昨夜有雪，晨起地面积雪全白，上午传达报告，村大队书记报告农村展开文化大革命，又报告学习老三篇表扬好人好事（由书记李金、副书记许学科报告），下午传达中共中央关于农村无产阶级文化大革命的批示（十条），报告后讨论，我与陆在二队青年组，发言者不多，晚无学习，昨夜生活会过迟，十一时睡，过十二时方入睡，晨五时馀起床，终日头晕困倦。

1966.12.19　星1　初八日　晴　下午寒

上午下午写墙上语录，今日组中写汇报一份交隋延堂，由叶苍岑①带回，今日下午叶归家，明日归。晚组中学习，学习报纸及老三篇，晚与肖谈意见，互相批评，辩论甚久，以致过疲，彻夜不眠，小便五次。

1966.12.20　星2　初九日　阴　中午飞小雪花

终日头晕心跳，服药，上下午俱在家休息，晚组中小会，谈如何安排后学习，今日写语录牌毕，全村宣传主席思想写语录工作完毕，自明日起上午劳动下午五人自己组织学习。老叶今日下午归，言校中情况仍旧，没有大事，大字报揭出两条路线斗争更往上更尖锐了。

1966.12.21　星3　初十日　晴　晚雾

今日上午开始再下地，仍铲土垫盖棒秸沤肥。后又放水浇上，以起沤渍作用，八时开始劳动，十二时下工。下午在组自学，学习红旗十五期社论《夺取新的胜利》，又学语录一章。刮胡子，算这次购物账目：

为大队买漆、印语录百条、笔等，赠送大队，肖、陆、叶、启每人17.36元。

小组公用买物，肖、陆、叶、葛、启，每人2.50元。

还陆垫车钱（自京至周口村）1.05元共20.90元。

1966.12.22　星4　十一日　晴，寒

上午下地劳动，铲土垫盖肥料，午后学习老三篇，漫谈个人几日体会（另记）。接家信（21发的）。晚学习报纸，宋孔广团长的事迹极重要。今日老葛到周口店缝鞋，换粮票未成（当

---

①　叶苍岑（1904—1993），河北任丘县人，著名语文教学法专家，时任北京师范大学中文系教授。

地无零票）。托葛代买梳子小镜（2毛8分），晚写家信，寄回面票20斤，请换成零斤的寄来。

1966.12.23　星5　十二日　晴，薄阴

上午全队社员俱到周口店开大会，肖问大队，（副）队长王仲说我们仍留下劳动。上午在二队场院装运玉米，今日留下劳动者除老弱有孩者外多四类分子。下午组中学习，研究我辈如何自处于当前村中文化革命中，研究村中领导对我辈的看法，大家讨论甚深。晚读报，下午寄发家信寄回粮票。

1966.12.24　星6　十三日　晴，寒

上午劳动，仍铲土，稍得门，用力较省，下午组中生活会，大家对肖、陆提出意见，对陆是评其生活习气。对肖谈其接受意见态度。晚学习报纸社论等。

1966.12.25　星日　十四日　晴寒

上午下地劳动，今日积肥压土工作，因土不易刨下，分一部分人去运石子填坑，我与陆去运石子，觉石子较土易铲。

下午全村大会，我们五人参加，书记李金报告节约用粮事，晚各分队讨论订计划、落实数字，我们未参加。晚洗脚，洗鞋垫。

1966.12.26　星1　十五日　晴寒

上午劳动，仍刨土、压肥料，今日挨户派饭（今日在何金坡家），下午继续生活会，大家给肖提，我给陆提对青年谈话太随便的毛病。晚读报，今日接到家信挂号条，须明日到周口店邮局去取。今日换到何金坡家吃饭。

1966.12.27　星2　十六日　晴，寒甚

上午劳动，锄土压垫脚。下午到周口店取信，五人同去。我缝鞋（二角）、买口罩，自周口店大桥西走至宿舍门，共3500步，合四华里零500步。家信是保价信，小怀①所写，知本月十几日家中曾来的第一封信竟已遗失，今日仍在何金坡家吃饭。

寄来粮票20斤。

1966.12.28　星3　十七日　晴，和暖

上午劳动，倒粪肥，下午学习老三篇，谈体会，晚写信给小怀，今日在李玉书家派饭。

1966.12.29　星4　十八日　薄阴，寒

上午劳动，倒粪肥，下午学习老三篇，背诵《纪念白求恩》，谈劳动体会，我未及发言（记录），最后表示尽力作而已暂不多谈，晚读报。

今日广播我国第五次核爆炸成功。今日发昨写寄小怀的信。今日在杨如山家派饭。

1966.12.30　星5　十九日　薄阴有时晴寒轻

上午劳动，锄土，两头锄并装车，下午学习共背《纪念白求恩》，晚参加社员学习，学习《为人民服务》，后许登科（副）书记谈话，启发大家写大字报。今日在李桂书家派饭。

1966.12.31　星6　廿日　晴，温

上午劳动，锄土，向青年女社员询从前阶级斗争情况，锄土时，一女青年田畹香问我们是否"少而精的观察员"，为之

---

①　小怀，即启功先生内侄章景怀。

解释。

下午学习，默写《纪念白求恩》，我未背熟，算分是负94分，即错194字。

晚广播中听到社论《把无产阶级文化大革命进行到底》。

今日派饭在傅淑兰家（李俊书家），缝鞋绊，缝被卧护单。

1967. 1. 1日　星期日　丙午年十一月廿一日

夜大风，晨晴，今日队中放假，不劳动。下午全村演节目，三队四队社员因出场有意见，后即中止。我补默写《纪念白求恩》，得79分。

今日派饭在李淑兰家（李书）。今日报纸发表社论，共同学习。

1967. 1. 2　星1　廿二日

夜大风，晨晴寒，我头痛，服银翘解毒二丸。

今日上午全村学习社论，不劳动，我与陆参加在许家的片会，由陆念社论，我接念一段，队长念老三篇之二。

下午背麦秸垫坑（叶铺处坑面塌下，所以铺此），接隋延堂信，有鼓励有要求。日后五人漫谈。今日派饭在李林书家。

晚鼻塞伤风。

1967. 1. 3　星2　廿三日　晴和

上午劳动，倒肥料，下午趁晴和到周口店理发，肖同去，肖亦理发，晚葛读叶家寄来传单材料。晚谈近十馀日工作计划。

今日肖将毛线背心借给我穿。陆、叶今日到房山洗澡，代我买棉手套一付（8角5分），今日派饭在杨如山家。

1967.1.4　星3　廿四日　晴和暖

上午劳动，铲石子筛石子，午后学习光明日报社论，社论指出要学习劳动人民热爱毛主席的深厚阶级感情，爱憎分明的阶级立场，一心为公的高贵品质，热爱劳动艰苦奋斗的优良传统，又读人民日报元旦社论。讨论。

晚访问老贫农段世明，段十三岁为地主常三做小做活的，被骂，不干了，到灰窑煤窑作工，撞伤，至今咳喘。煤窑把头压迫，如每班十背筐，因故缺一筐，其前九筐俱不算，每筐应百斤，把头用秤称毕，口说七十斤，即算不足，下次须背百卅斤方能算足数。煤窑用外村人三五十元一季，等于典质，每月不歇工，可受优待，背近处煤，外村人有歇工，即须背窑中远路煤。段谓今日煤窑公平合理，是几斤算几斤。对新社会作本质的肯定和歌颂。

今日接小葵①和小怀的信。今日在杨玉霞家派饭。

今日初能背诵老三篇中《为人民服务》。

1967.1.5　星4　廿五日　晴和暖

上午劳动，起土，午后自大队抬煤末黄土，下午学习，读房山县棉织厂徒工杨采琴向其反动父母杨铭三李敬敏斗争经过。讨论昨日访段世明的体会。（昨晚大家向隋延堂写信报告这段经过，肖执笔，今日付邮。）晚李文来谈煤窑及地主剥削情况，极明晰，富有感性内容，另记。

李是贫下中农，本队一队饲养员，50岁。

今日派饭在杨芳家。写家信，次日发。今日接到小怀所寄之第一信。因地名写成周口店村，故误，今始转到。

---

① 小葵，即启功先生内侄章景葵。

1967.1.6　星5　廿六日　晴和暖

上午劳动，起土，有肖汝铭四十四岁，劳动极强，凿土甚多，铲土甚费力。此人举重若轻，深见老农之优越：1. 态度朴实，不多言，全神专注；2. 力大，准确；3. 熟练，故效果极强。下午学习葛家中寄来之印刷传单，关于文化大革命事的。下午发信，今日派饭在杨德尔家。

夜间大风。

1967.1.7　星6　廿七日　晴，上午大风

上午劳动，起土垫猪圈，在街土堆起土，装小车，今日装车较多。下午小组生活会（另记）。晚访郭海，十几岁即在煤窑背煤，受苦二世（父子），今日派饭在贾淑卿家。

1967.1.8　星日　廿八日　晴和暖

上午劳动，在饲养场铲牲口棚中粪土，甚疲，近午，几乎不支，何满仓说："老启现在不行了吧，今日够呛。"又说："这还不算累，到了夏天热也把你热死。"又说："再练练就行了"。此青年朴实诚恳，真是吾师。午后：在肖汝仪家开会，全队社员听许登科付（副）书记讲解十条，讲解为人民服务，会后各组讨论。我在青年组，青年多不发言（陆头痛请假未参加小组会），据云此情况甚久了，不知何故。晚饭前，在医疗队看咳嗽，给黄连片及甘草片，又要如密纳耳四片，晚读房山学习毛著典型报告王春、张凤兰、杨凤兰各件材料。今日派饭仍在贾氏家。

1967.1.9　星1　廿九日　晴和暖

上午劳动，今日仍清马棚，但铺土铺棒秸，即较昨为轻，午后讨论王春等事迹，晚读报。今日派饭在杨如山家。

1967.1.10　星2　卅日　晴和，夜有风

上午劳动，郭家坟倒肥。午后谈郭海等事迹，葛到房山要回王春等材料 27 份，看到新大字报，晚读学习毛著典型材料。

村中选革委代表，有青年在夜间九时馀广播反对。洗脚。派饭卢月家，大字报渐多。

1967.1.11　星3　丙午年腊月初一日　晴，风上午后有风

上午劳动，仍在郭家坟倒肥。冰冻难锄，进度甚慢，葛昨晚封火灭，中午升火。午后一时听广播（公社广播大会）关于生产分配问题，下午谈如何作个人总结（另记），晚访佘秀兰，此人不识字，由于学习老三篇由私变公，事迹动人，谈约一小时（另记），派饭卢江家。还向许琴科、杨玉霞所借的 27 份学习材料。

1967.1.12　星4　初二　晴，不冷，晨有风，旋止

上午在郭家坟劳动，倒粪，能初抡铁锤，能初用镐，午后打水，叶挑，今日我值日。下午准备互相鉴定，晚肖作试点鉴定。今日派饭在何桂芬家。晚写家信，说明十七日十时到京，嘱人接。

1967.1.13　星5　初三　晴，和

上午郭家坟倒肥，下午鉴定，互相鉴，今日是葛、叶、启三人。晚随社员开学习主席著作经验交流会，我为作记录。今日发家信，今日派饭何清家。

1967.1.14　星6　初四　晴，下午四时起风，冷

上午郭家坟倒肥，下午陆鉴定，晚与陆同找许登科付（副）书记谈鉴定事，许谈我们优点很多，实是有意鼓励，许表示由他写，不用魏广仁大队长之办法，自己记录。今日派饭贾淑清家。

1967.1.15　星日　初五日　晴，微雾

上午劳动，仍倒肥，下午随社员开会，谈学习主席著作心得，我作记录。晚讨论鉴定落实，归纳优缺点各四条。今日派饭郭海家。

1967.1.16　星1　初六日　晴和暖，极好

上午劳动，仍倒肥，今日最后一天劳动，仍贯注始终，午后与叶步行到房山洗澡。在房山饭店吃卤面二碗（四两），买花卷二个，坐汽车归。杨如山来送行，今日午间许登科为写成鉴定。今日派饭在杨如山家。

1967.1.17　星2　初七日　晴，暖

上午五时馀起床，收拾行李，用扁担抬，每二人抬二被卷（小者三卷）至村口汽车站，候至8：30，汽车来，不停即走，遂误一班车，于是又共背行李至周口店，十时二十分乘车归。至天桥已过午，小怀在站候接，被卷由其载在自行车后先归。余乘五路无轨至西直门，归京一观，街上人又拥挤，标语又多于昔。下午休息。

"文革"初期在师大

(1967. 1. 18—1968. 12. 2)

1967. 1. 18　星3　初八日　晴

　　上午休息，接葛电约下午三时五人见面，下午到葛家，肖、葛昨晚见隋延堂。隋云今后不管我组学习了。我组诸人可自行分合或另组战斗组。

　　夜间小便痛且痒，已二日矣，疑前日洗澡时感染。五人今日约定本周休息，下周一二三作个人小结，四五六共谈全组小结。

1967. 1. 19　星4　初九日

20　星5　初十日

21　星6　十一日

22　星日　十二日

　　连日休息，晚接葛电话，明日十时北饭厅听报告，小便不好，服长效磺胺二日不见效。

1967. 1. 23　星1　十三日

　　上午到校，北饭厅另有斗争会，无报告，即归。下午到东安市场修理假牙，行走磨擦小便愈益肿痛，归在大觉胡同口外诊所诊视，杨柏森大夫看，服四环素，用过锰酸钾洗，敷四环素膏。

1967.1.24　星2　十四日

昨晚写信致肖今晨发（具今日日期），请其代向组中请假，在家服药。

1967.1.25　星3　十五日

上午到诊所续诊，人多改下午，下午往诊，续服四环素。

1967.1.26　星4　十六日

上午下午服药，未全消肿。晚写小结（下乡四月）未完。

1967.1.27　星5　十七日　上午雪，下午阴，晚雪

上午写小结未完。下午取修理之假牙，晚续写小结。

1967.1.28　星6　十八日　昨夜雪，午后晴

上午写小结未完，终日未出门。

1967.1.29　星日　十九日　晴，暖

上午至西直门买电车月票，因脱月，须31日买，下午写小结。

1967.1.30　星1　廿日　上午晴，下午雪至晚雪

上午至校，我组五人由系中夺权后新领导（井岗山公社挺进大队及井岗山大队合管）代找一室，即原古典组之最东一室。自己组织学习组，拟订计划。每日上午至此学习，下午看病，

小便感染外肿已消，内道仍时热辣，继服四环素，血压试表140/90，正常。

1967.1.31　星2　廿一日　晴

上午至校，小组学习，谈如何命名战斗组事，未谈定。十时半，招待站令我去取支援的被褥，已用毕还回，即取归一被一褥一毯，乘汽车入城，自新街口肩回至家甚累。下午休息，服药，小便尚未好，原定今日下午出去看大字报，未去，我改在明日下午。

1967.2.1　星3　廿二日　晴

上午小组学习，仍谈命名事，未定，尚谈大字报等事。下午至组织部看大字报，我因昨日下午未去，换于今日去。

1967.2.2　星4　廿三日　晴

上午小组学习，下午在家自学，考虑个人小结未完部分。

1967.2.3　星5　廿四日　晴

上午小组学习，最后葛说小组定名是大家都一致的，实则尚未一致。即未知如何落点。下午到组织部续看大字报。

1967.2.4　星6　廿五日　晴（立春）

上午小组学习，领工资。下午到组，因楼道内堵住过道门，未能进屋内，即同下楼看大字报。

1967.2.5　星日　廿六日　晴

休息，与老伴在新街口买洗脸盆等，又看她的七妹，她最近结婚。

1967. 2. 6　星1　廿七日　晴

上午小组学习，下午到组讨论。

1967. 2. 7　星2　廿八日　晴，较冷

上午小组学习，下午到府右街南口统战部看大字报。

1967. 2. 8　星3　廿九日　晴，微冷

上午小组学习，今日我值日，下午在家未出门。

1967. 2. 9　星期4　夏历丁未年正月初一日　晴

国务院通令今年春节不放假。上午到组学习，下午在家自学未出门。

1967. 2. 10　星5　初二日　晴

上午到组学习，午后未出门。

1967. 2. 11　星6　初三日　晴

上午到组学习，下午到组学习。

1967. 2. 12　星日　初四日　晴

终日未出，休息。

1967. 2. 13　星1　初五日　晴

上午到组学习，听学校请来之陈里宁同志报告其受迫害经过，听谭厚兰讲话，谈井岗山公社整训，号召社外群众参加。下午到组讨论。

1967. 2. 14　星2　初六日　晴

上午学习，晚学习。

1967. 2. 15　星3　初七

上午周双利①报告挺进大队斗争经过，晚讨论。

1967. 2. 16　星4　初八

上午，老教师组继续讨论。我先作记录，后发言，重点如下：

1. 周报告，令人清楚，信服，摆事实，讲明道理。

2. 认识了校系黑帮的罪恶，修义道路，中文系如周纪彬事。

3. 昨葛说的二杆红旗，我们没有怀疑过，今更清楚、更具体的是李少明挺进报。

4. 工作组筹委会排挤最恨黑帮的，没无缘无故的爱恨，他们是什么路线，什么立场，什么目的，都很清楚了，更明确。

5. 几事，如红梭标等人的面目行动更清楚，选筹委时短兵相接图穷匕现，直到五人在此屋李文保还说"红挺都对"。

晚小组继续学习。

1967. 2. 17　星5　初九

上午小组学习，江华生②及其他三同志为我组解答问题，江谈整训布署，馀谈北京日报工人日报等问题。晚学习。

1967. 2. 18　星6　初十

上午学习,下午诊病(咳嗽)诊为支气管炎,服药,晚班请假。

1967. 2. 19　星日　十一　中午小雪，陆续未停

与老伴出门，买物。

---

① 周双利，时为北京师范大学中文系研究生。

② 江华生，时为北京师范大学中文系五年级学生,造反派负责人之一。

1967. 2. 20　星1　十二日　雪

　　上午小组，发寄周口村许翠英等语录牌，晚北饭厅大会，谭厚兰等传达戚本禹、王力等讲话。

1967. 2. 21　星2　十三日　阴

　　上午小组学习，讨论拟出大字报的稿子，杨敏如起草。

　　下午北饭厅斗争肖望东、熊复、何伟、钱信忠四人大会。

　　晚北饭厅大会，革命干部站出来坐谈会。

1967. 2. 22　星3　十四日

　　上午小组，写大字报，晚小组旋散。

1967. 2. 23　星4　十五日　晴

　　上午井岗山半周年庆祝大会，晚文工团表演大会。

1967. 2. 24　星5　十六日　晴

　　上午辩论大会，午归（今日下午五时谭宣布已捕反动组织，晚上街贴布告）。

1967. 2. 25　星6　十七日　晴

　　上午小组，沈谈昨日布署，晚校内有电影，小组未开，到组后即归。

1967. 2. 26　星日　十八日　晴，暖

　　上午休息，下午到市场买物。

1967. 2. 27　星1　十九日　晴，暖

　　上午小组，下午加会讨论干部政策问题，晚有晚会，自由参加，未去。

1967.2.28　星2　廿日　晴

上午小组学习上海鲁迅兵团的文章。晚小组。

1967.3.1　星3　廿一日

上午学习，下午井岗山整风动员报告，晚小组，晚咳。

1967.3.2　星4　廿二日

上午学习，十时半到校医院诊，晚间之会请假，晚胸堵。

1967.3.3　星5　廿三日　大风，寒

晨因昨夜嗽，请假，未出门，休息服药，晚略好，仍胃痛。

1967.3.4　星6　廿四日　大风，晚止，寒

上午小组，晚有晚会，未参加，请假，服药。

1967.3.5　星日　廿五日　晴

休息。

1967.3.6　星1　廿六日　晴，晚风止

上午小组自学，晚小组会。

1967.3.7　星2　廿七日　晴，无风

上午小组会，晚小组会。

1967.3.8　星3　廿八　晴

上午全校批资阶路线反扑（批谭震林）。下午到校，会未开，晚无组会。

1967. 3. 9　星4　廿九　晴

上午小组，吴万刚布置老教师参加军政训练问题①，讨论。

1967. 3. 10　星5　卅日　晴

上午小组，下午批判陈云大会，晚无会。

1967. 3. 11　星6　农历二月初一日　阴

上午小组，规定新作息时间。自明日起，自早八时起，今日见大字报抄出新八条，下午三时学习，背老三篇。

1967. 3. 12　星日　初二日　晴

休息，今日甚疲惫，不知何故，仍咳，晚出门买物，写歌辞二张，明日组中张贴。

1967. 3. 13　星1　初三日　晴

今日改为早八时开会，我记误，仍八时半到，背老三篇，讨论政训精神。

1967. 3. 14　星2　初四

上午小组。

1967. 3. 15　星3　初五

上午小组，下午小组。

---

① 吴万刚，时为北京师范大学中文系古典文学组教师。

1967.3.16　星4　初六

上午小组，下午整风大会。

1967.3.17　星5　初七

上午小组，下午请假，拔牙（左上犬齿及左上门牙）。

1967.3.18　星6　初八

上午小组，默老三篇三段，下午请假复查牙。

1967.3.19　星日　初九

休息。晚北饭厅大会，井岗报告当前资本主义复辟逆流的情况。

1967.3.20　星1　十日　晚有雨变雪

上午继续昨晚报告。下午小组。

1967.3.21　星2　十一　阴

上午小组，下午无会，晚原定听报告，临时改期。

1967.3.22　星3　十二　晴，昨夜有风寒，晨见冰

上午小组。

1967.3.23　星4　十三　晴

上午小组，下午看大字报。

1967.3.24　星5　十四　晴

上午小组，下午谭厚兰检查（代表井岗山公社）。

1967.3.25　星6　十五　晴

上午小组，十时到校医院透视（全组），下午请假看牙。

1967.3.26　星日　十六　薄阴晴

上午接葛电到校听传达报告（关于揪余①问题）（九至九时四十分）。

下午休息。

1967.3.27　星1　十七　薄阴

上午小组。下午小组，抄大字报，五时整地震，甚剧，约数十秒钟，震后大风，晚听说是沧县附近。

1967.3.28　星2　十八

上午小组，下午小组，晚报告会。

1967.3.29　星3　十九

上午小组，下午小组。

1967.3.30　星4　廿日

上午小组，下午不开会，晚石森②检查（下午传达陈伯达同志关于教改讲话，次早葛传达）。

1967.3.31　星5　廿一

上午小组，工会发毛选一部。

---

① 余，余秋里（1914—1999），江西吉安人，国务院原副总理，中国人民解放军总政治部原主任，中将军衔。曾任石油工业部部长，时任国家计委第一副主任，"文革"初遭造反派批斗。

② 石森，时任北京师范大学党委副书记。

1967. 4. 1　星6　廿二

上午大会，欢祝红旗评论员文，戚本禹文（批清宫秘史），会后游行。下午小组。

1967. 4. 2　星日　廿三

休息。下午到前门买鞋。

1967. 4. 3　星1　廿四

上午小组，下午大会，校内校外各单位联合批刘大会。

1967. 4. 4　星2　廿五

上午、下午小组。

1967. 4. 5　星3　廿六

上午十时全校大会，纪念毛主席大字报发表八个月。今日领工资。下午听录音（控诉反动路线，丰台中学一教师陈里宁），晚电影看不见遂归。

1967. 4. 6　星4　廿七日

上午小组，下午小组。

1967. 4. 7　星5　廿八日

上午请假看牙，尚不能全补，下午学校大操场大会（批薄、余、谷）。

1967. 4. 8　星6　廿九

上午纪念十六条大会，革命同志控诉反动路线。下午小组。

1967. 4. 9　星日　卅日

终日休息，未出门。

1967. 4. 10　星1　三月初一日

上午小组，下午补牙，补门齿一枚。

1967. 4. 11　星2　初二

上午小组，九时半全校大会，报告批刘修养动员，下午小组。

1967. 4. 12　星3　初三

上午小组，下午眼病请假，诊视结膜炎，血压160/110，服药利血平、芦丁、地巴唑，各一、三次。

1967. 4. 13　星4　初四

上午全校辩论大会，下午无会，晚间有会，眼痛未来，服药。

1967. 4. 14　星5　初五

上午小组，下午无会。

1967. 4. 15　星6　初六

上午小组，下午组会改期，全校有会。今日邮电学院斗争胡乔木，各组分别参加，无规定。

1967. 4. 16　星日　初七

同老伴到动物园等处散步。

1967. 4. 17　星1　初八日

上午小组，下午小组，揭陈璨①。

1967. 4. 18　星2　初九　下午雨

上午小组，下午写大字报（批修养），全组所出，杨、曹拟写改订之稿，五人分写。傍晚至市场等处买药，未买到。

1967. 4. 19　星3　初十　晴

上午全校大会，三结合动员会，下午小组揭陈璨问题。

1967. 4. 20　星4　十一　晴

上午小组，九时后揭陈璨会。

1967. 4. 21　星5　十二　晴

上午听报告，下午至校，听辩论会及看大字报。

1967. 4. 22　星6　十三　今晚月晕甚美

上午小组，下午无会，准备批修养。下午到市场买药，街上庆祝游行甚盛。今日市革命委员会成立。

1967. 4. 23　星日　十四

休息。下午至人民大学门外看大字报（东城铁狮子胡同）。

1967. 4. 24　星1　十五　今晚月全蚀。

上午小组，揭陈璨及设计以后揭的问题。下午"从头越"小组开会，谈拟写大字报事。上假牙中断，到六部口口腔诊所

---

① 陈璨，"文革"前曾任北京师范大学中文系党总支书记。

接修，后天成，价一元。

1967. 4. 25　星2　十六

1967. 4. 26　星3　十七

1967. 4. 27　星4　十八

1967. 4. 28　星5　十九

1967. 4. 29　星6　廿日
上午小组，下午本校革命委员会成立大会。

1967. 4. 30　星日　廿一日
今日不放假，上午小组，下午大会斗陆定一、彭真、程今吾、吴子牧、李维汉、徐冰。

1967. 5. 1　星1　廿二
放假，终日未出门，听广播。

1967. 5. 2　星2　廿三
放假，傍晚到西单买物、买单布帽子。

1967. 5. 3　星3　廿四
上午小组，下午全校大会，谭厚兰讲下段运动计划。

1967. 5. 4　星4　廿五
上午小组，下午无会，傍晚到动物园散步。

1967.5.5　星5　廿六

　　上午小组，下午略聚旋散。

1967.5.6　星6　廿七

　　上午小组，下午无会。

1967.5.7　星日　廿八　晚小雨旋止

　　上午在西郊买食品、散步，晚到西单买袜。

1967.5.8　星1　廿九

　　上午小组，下午小组，配笔杆，晚毛著学习报告会，解放军、同学报告心得。夜爱人泄肚甚剧。

1967.5.9　星2　四月初一

　　上午小组，下午无会。

1967.5.10　星3　初二

　　上午解放军新二教室报告学习毛著，后上楼小组，下午无会。晚传达报告，戚本禹谈关于《纪念延安文艺座谈会讲话》发表纪念会的事及《欧阳海之歌》事。

1967.5.11　星4　初三

　　上午小组，下午小组。

1967.5.12　星5　初四

　　上午小组，下午小组，到校医院看眼病，结膜炎，血压高160/100。

1967.5.13　星6　初五

上午小组，下午小组。

1967.5.14　星日　初六

休息，终日未出，服药。

1967.5.15　星1　初七

上午大会，四川宜宾地委刘结挺、前宜宾市地委张希挺，报告受迫害经过。下午小组。

1967.5.16　星2　初八

上午大会，庆祝人民日报发表关于师大军训的报导，九时半以后劳动、打洋灰板，下午仍劳动，平坑道边走路，此为系内全体劳动的第一次。

1967.5.17　星3　初九

上午小组，十时半谭厚兰报告，下午小组，讨论人民日报文件。

1967.5.18　星4　初十

上午小组，继续讨论。

1967.5.19　星5　十一

上午小组。

1967.5.20　星6　十二

上午小组。

1967.5.21　星日　十三

休息。傍晚到西郊散步。

1967.5.22　星1　十四

上午小组，下午小组。

1967.5.23　星2　十五

上午小组，下午无组会。

1967.5.24　星3　十六

上午本校庆祝《讲话》25年大会，下午雨，到校，组中未有人来（只陈一人）。

1967.5.25　星4　十七

上午小组，九时半听报告（关于追查8.25反动标语事），下午讨论此报告。

1967.5.26　星5　十八

上午小组，下午小组，中学在我校借场开大会。

1967.5.27　星6　十九

上午小组，下午无会。

1967.5.28　星日　廿日

休息。取毛线衣。

1967.5.29　星1　廿一

上午小组，十时全校大会，总结公社一年。下午小组。

1967.5.30　星2　廿二

上午小组，宣布 29 日发现反动标语事，随即讨论。下午讨论。

1967.5.31　星3　廿三

上午讨论，十时大会，报告查 29 反动标语事。下午讨论。

1967.6.1　星4　廿四

上午讨论，29 事件的线索。下午小组仍漫谈。

1967.6.2　星5　廿五

上午小组，自学，漫谈。下午小组，仍谈破案事。

1967.6.3　星6　廿六

上午小组，发工资，十时全系大会，石森报告以后破案工作集中在中文系，其他各系转入日常工作。下午漫谈。

1967.6.4　星日　廿七

休息，晚出门买物，葛电话通知晚有传达报告，未能去，归家已九时馀矣。

1967.6.5　星1　廿八　晚小雨旋止

上午小组，十时全系大会，继续追查反动分子，可以班际串联。下午小组。

1967.6.6　星2　廿九

上午小组，下午小组。

1967. 6. 7　星 3　卅日

　　上午小组请假到精益验目光，下午小组，晚校革命委员会报告斗批改动员。

1967. 6. 8　星 4　四月初一　有雨

　　上午小组，下午小组。

1967. 6. 9　星 5　初二

　　上午小组，下午小组。

1967. 6. 10　星 6　初三

　　上午小组，下午小组。

1967. 6. 11　星日　初四

　　休息。

1967. 6. 12　星 1　初五

　　上午小组，九时有破案问题串连会，下午小组。

1967. 6. 13　星 2　初六

　　上午小组，下午全组各自到外边看大字报及展览，我看电影《不夜城》。

1967. 6. 14　星 3　初七　下午雨

　　上午小组，沈传达昨晚石森报告（号召中、教、史三系大联合），下午全系大会，促联合献计会。

1967. 6. 15　星 4　初八

　　上午周耀文传达报告，下午四时全系大会，曾昭耀讲话，关于联合问题。

1967. 6. 16　星5　初九

1967. 6. 17　星6　初十
　　上午小组，下午看电影《不夜城》，晚十二时广播氢弹试验成功。

1967. 6. 18　星日　十一

1967. 6. 19　星1　十二
　　上午小组，下午小组。

1967. 6. 20　星2　十三
　　上午小组，下午小组。

1967. 6. 21　星3　十四
　　上午到八一学校参观，下午小组。

1967. 6. 22　星4　十五
　　上午小组，九时半全系大会，动员下乡，下午扫除，吴万刚告诉沈，老教师俱不下去。

1967. 6. 23　星5　十六
　　上午小组，吴来，沈问。解放军二团陈团长说的老教师不下去。下午小组。

1967. 6. 24　星6　十七

1967.6.25　星日　十八

1967.6.26　星1　十九

1967.6.27　星2　廿日

1967.6.28　星3　廿一

1967.6.29　星4　廿二

1967.6.30　星5　廿三

1967.7.1　星6　廿四　雨
上午全校大会，纪念七一，下午无会。

1967.7.2　星日　廿五
休息。

1967.7.3　星1　廿六
上午全系动员会，动员下午午门大会，文艺口抗议缅甸大会，老者未去，下午无会。

1967.7.4　星2　廿七
上午小组，下午小组。

1967.7.5　星3　廿八
上午小组，领工资，下午小组请假到六部口看牙，不行；又到东安市场看牙，仍不行。

1967.7.6　星4　廿九

上午小组，下午小组，本校提出复课闹革命。

1967.7.7　星5　卅日

上午小组，下午小组，文博所刘启益来问王辉事。

1967.7.8　星6　六月初一

上午小组，下午小组。

1967.7.9　星日　初二

休息。

1967.7.10　星1　初三

上午全校大会，解放军报告学习主席著作，董连猛报告复课闹革命。下午小组。

1967.7.11　星2　初四

上午小组，下午小组。

1967.7.12　星3　初五

上午小组，下午无会，晚全校大会，报告、介绍旧学制。

1967.7.13　星4　初六

上午小组，吴有新大字报，涉及本组。下午小组，全校到城内反对刘的反扑（认罪书）

1967.7.14　星5　初七　晚雨

上午小组，沈写大字报，下午请假，回忆及写出王辉材料。

1967. 7. 15　星 6　初八

上午小组，下午小组，晚大风雨。

1967. 7. 16　星日　初九

休息。

1967. 7. 17　星 1　初十

病，请假。

1967. 7. 18　星 2　十一

病假。

1967. 7. 19　星 3　十二

上午小组，下午小组。

1967. 7. 20　星 4　十三

上午桃园贫下中农吴、陈等控诉，下午小组。

1967. 7. 21　星 5　十四

上午小组，下午无会。我看批判电影"两访"。

1967. 7. 22　星 6　十五

昨夕爱人突病，喘堵发烧，晨到校遇范，请代请假。

1967. 7. 23　星日　十六

休息，爱人病仍剧。

1967. 7. 24　星 1　十七

爱人病仍剧不能进饮食，组中请假。

1967. 7. 25　星2　十八

　　上午到校，大会，传达谢富治同志报告（武汉事谭讲）。下午无组会，下午全市大会，百万人。

1967. 7. 26　星3　十九

　　上午全组到展览馆参观，我请假，爱人到北大医院诊视，透视。

1967. 7. 27　星4　二十

　　上午小组，下午请假。

1967. 7. 28　星5　廿一

　　上午小组，下午无会。

1967. 7. 29　星6　廿二

　　上午小组，下午无会。

1967. 7. 30　星日　廿三

　　休息。

1967. 7. 31　星1　廿四

　　上午全系大会，解放军同志报告纪念八一建军节，下午小组。

1967. 8. 1　星2　廿五

　　上午全校大会，李政委讲话，纪念八一节，下午小组，我在家抄资料（高教六十条）以备组中批判。

1967.8.2　星3　廿六

1967.8.3　星4　廿七

1967.8.4　星5　廿八

上午小组。

1967.8.5　星6　廿九

上午听报告，外交方面造反派报告批判，下午领工资，未开会。

1967.8.6　星日　七月初一　热

休息。

1967.8.7　星1　初二　热

上午小组，九时半听报告，报告全国各地文革情况。

1967.8.8　星2　初三　热，晚有雨，立秋

上午小组，下午无会。

1967.8.9　星3　初四　晴，夜雨

上午小组，文博口有二人来了解唐兰①事，尤详询《兰亭汇编》事。下午小组。

1967.8.10　星4　初五　自夜雨，终日不止

上午小组，十时放广播批彭德怀，下午小组。

---

① 唐兰（1901—1979），字立庵，浙江嘉兴人，著名古文字学专家，时任故宫博物院副院长。

1967. 8. 11　星5　初六

物理系询金永龄家事。

上午小组，下午小组，晚批彭德怀大会。

1967. 8. 12　星6　初七

上午小组，上午听传五位首长讲话，下午劳动，全校拔草。

1967. 8. 13　星日　初八

休息，矮三姑来。

1967. 8. 14　星1　初九

上午小组，学习后回家写关于金永龄家庭的材料，下午将材料交吴万刚。下午小组，散后到西单一看，商场武斗已完，军警防守，车通。

1967. 8. 15　星2　初十

上午小组，下午小组。

1967. 8. 16　星3　十一

上午小组，下午小组。

1967. 8. 17　星4　十二　有雨

上午小组，下午小组。

1967. 8. 18　星5　十三　有雨

上午全校大会，师大民兵师成立，全校游行，下午小组。

1967. 8. 19　星6　十四　有雨

上午小组，下午小组。

1967.8.20　星日　十五

　　休息。

1967.8.21　星1　十六

　　上午小组，下午小组。

1967.8.22　星2　十七

　　上午小组，下午小组。

1967.8.23　星3　十八

　　上午全校大会，解放军学习主席著作代表大会的三位同志来校报告，下午到北京图书馆参观天津东亚毛纺厂展览（全组有七人去）。

1967.8.24　星4　十九　今日处暑

　　上午小组，下午小组。

1967.8.25　星5　廿日　有雨

　　上午大会，传达中央文件，会后小组。下午写大字报《驳斥王光美检查7.27》，全组作，分手写。

1967.8.26　星6　廿一　有雨

　　上午小组，继写大字报未完部分，下午继写大字报，贴出。

1967.8.27　星日　廿二　闷热

　　休息，复写大字报稿。

1967.8.28　星1　廿三

　　上午小组，下午请假补牙。在东安市场口腔站补镶。

1967. 8. 29　星2　廿四

上午小组，下午小组。

1967. 8. 30　星3　廿五

上午小组，下午小组。

1967. 8. 31　星4　廿六

上午小组，下午到市场取补修的牙，晚斗罗瑞卿大会。

1967. 9. 1　星5　廿七　雨

上午小组，下午小组。

1967. 9. 2　星6　廿八

上午小组，校内广播中央首长在市革委会上讲话的传达报告，下午小组。

1967. 9. 3　星日　廿九

休息。

1967. 9. 4　星1　八月初一

上午重新广播中央首长讲话，下午全校大会，拥护中央首长讲话，会后游行。

1967. 9. 5　星2　初二

上下午小组。

1967. 9. 6　星3　初三

上下午小组。

1967.9.7　星4　初四

　　校内樊立跃等突然抓谭厚兰斗争，成立"专政委员会"。推翻原革委会，下午外校与校内人共开大会，下午六时徐中央文革电话指示保谭，七时半北京卫戍区副司令李钟奇来校讲话，夜十二时宣布将樊等拘留审查。

　　本小组未开，下午修假牙。

1967.9.8　星5　初五

　　上下午小组。

1967.9.9　星6　初六

　　上下午小组，夜，谭召大会，宣布九·七事件为反革命事件。

1967.9.10　星日　初七

　　休息，修假牙。

1967.9.11　星1　初八

　　上下午小组，上午广播江青同志在9.5对安徽代表讲话录音。

1967.9.12　星2　初九

　　上午小组，下午井岗山后勤部揭发9·7事件，全校广播，小组未开，院中听。

1967.9.13　星3　初十

　　上午小组，下午小组。

1967. 9. 14　星4　十一
　　上下午小组。

1967. 9. 15　星5　十二
　　上下午小组。

1967. 9. 16　星6　十三
　　上下午小组。

1967. 9. 17　星日　十四
　　休息，与老伴出门买线衣等。

1967. 9. 18　星1　十五
　　上午传达江青、总理诸领导对"地派"① 的讲话。下午小组。

1967. 9. 19　星2　十六

1967. 9. 20　星3　十七

1967. 9. 21　星4　十八

1967. 9. 22　星5　十九

1967. 9. 23　星6　廿日

---

　　① "文革"中北京高校造反派分为"天"、"地"两大派，有五大"学生领袖"聂元梓、韩爱晶、蒯大富、谭厚兰、王大宾，因韩系北航学生，称"天派"，王系地院学生，称"地派"。

1967. 9. 24　星日　廿一

1967. 9. 25　星1　廿二

1967. 9. 26　星2　廿三

1967. 9. 27　星3　廿四

1967. 9. 28　星4　廿五

1967. 9. 29　星5　廿六

1967. 9. 30　星6　廿七

1967. 10. 1　星日　廿八
国庆，自今日起放假三日，今日未出门。

1967. 10. 2　星1　廿九
休息。

1967. 10. 3　星2　卅
休息。下午到百货大楼买用物。

1967. 10. 4　星3　九月初一
上午小组，下午小组。

1967. 10. 5　星4　初二
上午小组，昨晚全校报告，传达首长讲话，号召下乡秋收，老教师组俱报名。下午小组。

1967. 10. 6　星5　初三

上午小组，确定下乡。

1967. 10. 7

上午大会，下午准备。

1967. 10. 8　星日

上午六时到校约八时集体乘车到回龙观，下午劳动，捡玉米棒，晚八时馀即睡。

1967. 10. 9　星1

上午五时半起床，六时早饭，七时半集合，下田割豆，午归，十一时半午饭，下午二时集合下田，割豆。

1967. 10. 10　星2

上午起床吃饭下田，下午一切如昨。今日上下午仍割豆。

1967. 10. 11　星3

上午割豆，下午割豆，下工时遇雨，全湿。

1967. 10. 12　星4　晴　初九

上午割豆，完毕。下午割玉米，晚有电影《地道战》，未看，写家信。

1967. 10. 13　星5

上午、下午割玉米。发家信。

1967. 10. 14　星6

上午割白薯，下午参观畜牧场，归时四时半，又剥玉米皮，晚早睡。

1967. 10. 15　星日

割白菽割豆。

1967. 10. 16　星1

割白菽等，摘棉花。

1967. 10. 17　星2

摘棉花。

1967. 10. 18　星3

上午总结，午饭后到回龙观乘44路回城。

1967. 10. 19　星4

休息一日。

1967. 10. 20　星5

上午小组，下午无组会。

1967. 10. 21　星6

上午小组，下午清洁扫除。

1967. 10. 22　星日

休息。

1967. 10. 23　星 1

　　上午小组，下午小组。

1967. 10. 24　星 2

　　上午小组，下午小组。

1967. 10. 25　星 3

　　上午小组，下午听传达谢富治同志报告，马建民①代表校革委会讲话，据谢副总理报告精神，我校自明日起当即复课。

1967. 10. 26　星 4

　　上下午，小组，我组各老教师仍在此共同学习，沈前六日已向解放军请示，据云老先生先仍旧在楼上学习。

1967. 10. 27　星 5

　　上午小组，下午到展览馆参观阿尔巴尼亚摄影展览。晚全校教师大会，廿三中复课教师二人来谈经验。

1967. 10. 28　星 6

　　上午小组，下午到美术馆参观。夜三时章景德夫妇来言其十叔病危。

1967. 10. 29　星日

　　晨到 301 医院。十内弟已死，至下午二时殡仪馆来运至八宝山火葬场，诸人乘公共汽车往八宝山，四时半归。

---

　　①　马建民，时任北京师范大学党委副书记，著名作家杨沫的丈夫。

1967.10.30　星1

上午听中央首长报告（国庆前）的录音。下午小组。

1967.10.31　星2

上午、下午小组。

1967.11.1　星3　九月廿九日

上午小组。

1967.11.2　星4

1967.11.3　星5

1967.11.4　星6

1967.11.5　星日

1967.11.6　星1

1967.11.7　星2

1967.11.8　星3

1967.11.9　星4

1967.11.10　星5

1967.11.11　星6

1967. 11. 12　星日

1967. 11. 13　星1

1967. 11. 14　星2

1967. 11. 15　星3

1967. 11. 16　星4

1967. 11. 17　星5

1967. 11. 18　星6

1967. 11. 19　星日

1967. 11. 20　星1

1967. 11. 21　星2

1967. 11. 27　星1　十月廿六日

上午小组，下午小组，晚放解放军学习主席著作代表讲话录音，听过的不再听。

1967. 11. 28　星2　廿七

上午小组。

1968. 1. 1　星1　丁未年十二月初二日　晴

今日学校放假。

1968. 1. 2　星2　初三日　晴，风

上午、下午小组。

1968. 1. 3　星3　初四日　晴

上午小组。

1968. 11. 1

讨论《工人阶级必须领导一切》。

1968. 11. 2

交学习思想汇报（略）。

1968. 11. 4

讨论八届十二中全会公报。

学习要求：要怀着对伟大领袖毛主席深厚感情，怀着对大叛徒、大内奸、大工贼刘少奇的刻骨仇恨学……（略）。

1968. 11. 9

交学习思想汇报（略）。

1968. 11. 16

交学习思想汇报（略）。

1968. 11. 18

大批判，出批刘少奇"阶级斗争熄灭论"墙报。

1968. 11. 20

讨论对公报的认识，

讨论北京市革命委员会关于坚决拥护、坚决贯彻执行党的八届扩大的十二中全会公报的决定。

1968. 11. 25

大批判，出批刘少奇"驯服工具论"的墙报。

1968. 12. 2

交思想汇报（11. 18—11. 24 学习汇报）。

70年代点校"二十四史"同人合影

与王钟翰（70年代曾一同点校《清史稿》）

住院日记

1973. 10. 18. 星4.

下午2时餐到北大医院二部住院. 住神经科六病房126室9床, 刘大夫(解放军)详诊. 血压 $\frac{140}{100}$ 两臂一致. 晚睡不太好.

10. 19. 星5.

上午张大夫(解放军)诊视, 血压左 $\frac{170}{110}$ 右 $\frac{170}{100}$. 注射烟酸二次, 每次40毫克. 服地巴坐. 6911, 另一种药未详. 上午楚约来. 下午焕若来, 中午景恩来, 下午老律来. 写致中华书局超吴伩. 印蔡.

10. 20. 星6.

上午王笑中大夫诊视, 无医同诊. 输复氯城葡萄糖并500cc, 携输脉通葡萄糖500cc. 写致范瑛伩, 印蔡. 仍住烟酸眼药片.

10. 21. 星日.

早7.45 输液至下午1.15输毕共1000cc.
小蒸来. 老熊来. 昨晚睡不太好, 今晚稍不适, 早睡. 不着. 眼微袋. 血压左15%0右15%5. 还未时印蔡. 当住烟酸一次.
午刘历盖来看. 匝蔡病时未赎印去. 傍晚章羊德携学音来. 景恩来带来考古杂志.

住院日记(一)

11.7. 星3. 十三. 晴
上午注射只一针心血通。烟发金报。口脉芪妈故
下午外文出版社王同志来。邱误写书事 另介绍马国权
王辉来。老伴5小怀来。今日牙补代成。
晚招呆。牵引时缴掌印照。王辉莲来读名来信。

11.8. 星4. 十四.
上午六时起。一挂眠去安。
服药。特电。注射心血通。牵引二次。

11.9. 星5. 十五.
一切治疗如旧。
上午崇韵眼来看。下午赵宇俊。吴树平牵小东。王任.
王景芳来、王景芳带来时牵印闪南碑刻印本。

11.10. 星6. 十六.
治疗如旧。王笑中大夫查病房说牵引加二个。起题
度加几天。今晨四时睡醒。撤草又眠。七时饰起床。
上午范学纯来。面宗5大夫先生弄芭九的伤辩。

11.11. 星日. 十七.
服药. 注射. 牵引. 今日治疗宜休息.
下午老伴来、晚饭后摺掌印照。

住院日记（二）

我今年六十一周岁，北方人，自
幼体较弱，十余岁时後，每饮水
过多，则眼前出现金色曲线，视
物只见其半，连原至泄，即头痛，
吐出苦水方愈。（味与苦病不知
其原因，此写出供参考）先后至
些年末，卫食未善。
一九五八、五九间，一日忽见情况壁生猛转，

自述病历（一）

旋即停止，醫言血壓高，六七年粗

至六七年夏，忽覺眩暈，步履倒

時輩作，自後益甚眩起，至日醫始

止，嘔吐多色多水，由清至黃至褐

色，逐漸半年近始減輕，自七二年又花

至今。其花程度較前為輕，但

每次距離卻近，最近正至本日好

於或一度或一番次，或數分鐘或

自述病历（二）

104

三四小时。六不苹吐。但出门走车

上路身脖肇极而发冷。（已

吐三次）

此时觉眼睛似倒戴眼镜，（左

你不凌之后，倒戴尤右偏右浅）觉

得恶心，又似脑壳如空碗，中有

一球，车内运转，使坐立不住。属

书时眼前物象旋转浚动，转

自述病历（三）

时别只晕而眠前不移。

去偶取或蹲起时突然一起，头

常奉转不而晕。

西医各种经科诊说，谓乃是「颈

椎基底动脉供血不足」，服据临

无甚之著。又注射磷酸组织胺，

乃胁晕脱转之剂，忘不知反致以

（139/...）80（20、20-80）

伤中。而情大好如右。後出详修

一九七三年九月二日

自述病历（四）

痛心篇

先妻諱寶琛姓章佳氏長功二

歲年二十三與功結褵一九七一年春

病歿於一九七四年冬復病纏綿

百日終於不起時為一九七五年夏

歷花朝前夕是為誕生第六十

六年初逾六十四周歲也

結婚四十年從來無吵閙白頭老

夫妻相愛如年少

先母撫孤兒備歷辛與苦曾聞與

婦言似我親生女

相依四十年半貧半多病雖然

兩个人只有一條命

我飯美且精你衣縫又補我賺錢

買書你甘心吃苦

今日你先死此事壞六好免得我死

時把你急壞了

枯骨八寶山孤魂小乘卷你再待

兩年咱们一塊葬

強地松激素居然救命星肝炎

黃胆病起死得囬生

慈苦詩常易歡愉語莫工老妻

真病愈時高唱樂立窮

以上一九七一年秋作病起
曾共讀讀時且哭且笑

二

痛心篇

自撰墓志铭 一九七七年作

中学生 副教授 博不精 专不透 名虽扬 实不
够 高不成 低不就 瘫偏左 派曾右 面微圆 皮欠厚
妻已亡 并无后 丧犹新 病照旧 六十六 非不寿 八
宝山 渐相凑 计平生 谥日陋 身与名 一齐臭
韵脚上去通押 六读如溜 见顾亭林唐韵正

自撰墓志铭

在中华书局标点廿四史初期

（1971. 8. 30—10. 25）

1971. 8. 30　星1

上午到校，晤郭玉秀同志，又见指挥部李占国同志，李为开介绍信，十一时到中华书局报到。

午后在医院看视老妻，自27日入院，每日见好转。

8. 31　星2

上午到书局，中午到医院，下午书局有会，至四时馀宣布会不开了，又回医院，大见效，强地松用对了，黄正退，仍输液。

看中华书局给总理、文元的关于廿四史报告。

9. 1　星3

上午八时到局（今日起改8时上班）。旋即开会，宣布讨论学习计划。

看出版工作会议总结报告。

中午回家，下午到医院，妻病正见好。

9. 2　星4

上午上班，带卧具去，自今日起，开始读六本哲学著作，本月读《共产党宣言》。今日搬办公室，自二楼搬至三楼，帮助搬移家具图书、换饭票，中午在此吃午饭，饭后到医院。

妻病正好，陈大夫对她说，你不是瘤子，肝炎也已好转，黄色去了大半，明天再输液一次即可不输了。晚看陈家扬大夫，告以病况，因她非常关心。

9.3 星5

上午上班，因旧习惯，竟忘记已改八时。到班七时半，各室无人，以为开会，忽悟来早了，亦神经衰弱之一证。午在局休息，午后到医院，今日病稍好，大便不出。输液止输了一半，因血管不好，流得不畅即撤去，预定自明日起可不输。小怀、小葵寄来十元为其三姑看病。

9.4 星6

上午到班，读后，十时半往学校领工资、取学习材料，午后到医院。

9.5 星日

上午曹家琪来，病仍旧，此次看病可停十天，石志廉诸同志来，午后到医院。

9.6 星1

上午上班，下午到医院。上午《清史稿》组开会，分工，我先点志（舆服、礼、选举）三种。

9.7 星2

上午上班，读时作小讨论，准备下午会上讨论。下午到医院，今日医生言黄胆明显下降，激素仍须服，继续观察。

9.8　星3

上午到班，学习后看列传，午后到医院，傍晚看老谢。

9.9　星4

上午上班，上午到医院。今日始点志。

9.10　星5

上午上班，下午到医院，病人做肝扫苗。

9.11　星6

上午上班，下午到医院。

9.12　星日

上午九时到西华门与王仪生、章景荣参观出土文物，老谢与其友人同去，陈滋德同志约看鲁王墓中画卷，今日星期天，修复工厂无人，未看成，约下周再看。下午到医院。

9.13　星1

上午上班，清史组商讨标点事，下午点书 3200 字。傍晚到医院，《选举志一》点毕，自今日点书始入正轨。

9.14　星2

上午读后全组开会，讨论标点体例，午后学习。晚到医院，医云腹内钝状块仍为肾下垂，肝亦大，二者合于一位。

9.15　星3

上午上班，中午回家，下午到医院，老伴今天又撤激素一片，自今日服五片，自入院以来长时服八片，七日前开始撤，今日已撤三片矣。

9.16　星4

上午上班，下午学习讨论，晚到医院。

9.17　星5

上午上班，下午到学校，军宣队刘同志约谈话。有田同志外调。

今日老伴的药又撤激素一片（明日起服四片）。

点《选举志》一、二、四毕。

9.18　星6

上午上班，中午到医院，下午上班，晚到医院。今日点志五毕三半，共计已点四卷半，自9号起至今共9个单元共点37440字，计每半日点4160字。

9.19　星日　八月初一日

上午在家收拾屋子洗衣服，下午到前门买酱羊肉，看吴镜汀先生，到医院，晚归。

9.20　星1　八月初二

上午到班点书，中午后至故宫看画，陈约也。下午补点完《选举志》三，至此共点毕《选举志》四卷。晚到医院，内侄怀、葵寄钱50元。

9.21　星2　初三

上午到班，点《选举志》第五，下午学习，自学。晚到医院。

9.22 星3 初四

上午读毕到医院，今日解除隔离，搬至40床，三人同一房。激素自昨日撤至三片。转安酶288，三T15，胆红素已正常。中午十一时归班上点书，午后续点，今日点十二页。晚到医院，又到余（光明）、鲍（瑛）家未遇。

9.23 星4 初五

上午上班，迟到五分钟，读毕点书，六页。中午到医院，下午学习，讨论《宣言》第二章，晚到医院。

9.24 星5 初六

上午上班，中午到医院，晚五时半到学校系中送关婉福家托带之衣物。今日点读九页，晚给小怀小葵写信。

9.25 星6 初七

上午学习毕即点书，中午到医院，下午仍点，晚到医院。今日共点十五页，共11700字。

9.26 星日 初八

上午看驹公，复至马四家，在彼吃午饭，饭后睡觉。下午与马同看驴，在北医住院。晚到医院。

9.27 星1

上午到班，上下午点书，今日点9300字，晚至医院。今日王请假。

9.28 星2

上午到班，读毕，谈统一标点事，下午学习。

9.29　星3

上下午点书。今日点约一万字，到协和。

9.30　星4

上午点书约五千字，下午扫除，到北京医院看咳嗽，到协和。

10.1　星5　国庆放假二日

到医院。

10.2　星6　放假

看鲍（瑛），到医院。

10.3　星日　休息

到医院，今日激素撤完。

10.4　星1

上班，上午讨论标点划一事，下午写标点例，复写七份，晚到医院。

10.5　星2

上班，上午点书五页，下午学习，晚齐治平来。

10.6　星3

上午下午点书一万馀字。

10.7　星4

上午头晕，多睡未起，到班已十一时矣，点书约三页，下午学习。晚到医院，昨日以前食欲不振，乃撤激素之故，今日加一药，食又复佳。

10.8 星5

上下午点书十一页，约一万字。翻拍晋人书残纸。晚到医院，转安酶260，比上次降20，并未加助消化药。

10.9 星6

点书十一页。

10.10 星日

上午吴小如来借帖数种，午后睡觉四时馀起，到医院，妻今日食欲不佳，体疲乏。

10.11 星1

上午碰头会，商量标点，交换看已点之册，余将已点三册（舆服一、选举二）交孙毓棠，自看刘大年点文苑传一册。上午部分时间及下午共复看30册。下午下班后到医院，妻今日转安酶结果"正常"，三T8，阴性，陈大夫云未必准确。食仍不佳。今日起改作息时间，下午自一时半（我们二时）至五时半。

10.12 星2

上午欲看咳嗽已晚，北京医院无号，十时馀上班，看《文苑传》，下午学习。

10.13 星3

上午校看《文苑传》，下午看毕，交刘大年。（共用四个半日复看三卷。）下午点5页，到医院。

10. 14　星4

上午点三页半。下午学习。

10. 15　星5

上下午点书12页，晚到医院，小恩今日住院检查发烧不止的病象。

妻今日又取血化验。

10. 16　星6

上下午点书约十篇，晚到医院。

10. 17　星日

上午卜孝萱、李瑚来，午后到北大医院看小恩、大驴，旋到协和，妻之转安酶降至200，□浊10，阴性。

10. 18　星1

上午点书，到科学院图书馆查书，下午点书，到科学院图书馆查书。晚到医院。

10. 19　星2

上午点书八页，下午学习，讨论《宣言》第三、四章，晚到医院。

10. 20　星3

上午读毕点书，今日8页。

10. 21　星4

上午点书四页，因遇矛盾，查书费时，下午学习讨论。晚到医院。

10. 22　星5

上午值日、读、点。复看孙毓棠点的《交通志》。晚到医院。

10. 23　星6

上午读、点，到下午点毕《礼志五》，及《礼志九》的一部分，到医院，晚华来。

10. 24　星日

上午李行百、王静来，下午马四来，未到医院，褥面请章五妹缝好。

10. 25　星1

上午讨论标点。下午点书，遇问题，查书甚久。

住院治疗及出院后日记

(1973. 10. 18—1974. 6. 14)

1973. 10. 18 星4

下午二时馀到北大医院二部住院，住神经科六病房 126 室 9 床，刘大夫（解放军）详诊，血压 140/100，两臂一致，晚睡不太好。

10. 19 星5

上午张大夫（解放军）诊视，血压左 170/110 右 170/100，注射烟酸二次，每次 40 毫克，服地巴唑，6911，另一种药片未详。上午楚白来，下午焕然来，中午景恩来，下午老伴来，写致中华书局赵（诚）、吴信，即发。

10. 20 星6

上午王笑中大夫诊视，各医同诊，输罂粟碱、葡萄糖共 500CC，接输脉通葡萄糖 500CC。写致鲍瑛信，即发。仍注烟酸服药片。

10. 21 星日

早 7：45 输液至下午 1：15 输毕共 1000CC。

小葵来，老熊（尧）来。昨晚睡不甚好，今晚稍不适。早睡不着。下午三时眼微震，血压左 150/90 右 150/95，近下午五时即愈，当时加注烟酸一次。

下午刘启益来看，正发病时，未谈即去。傍晚章景德携学晋来。景恩来，带来《考古》杂志。

10. 22　星1

上午照颈椎透视相，骨刺较多，自十时点滴，至五时三十分始毕。今日上午景怀来，被逐走，护士谓上午不能看病人，下午刘启益来，老伴带俞宁、小悦来，今日加服健脑三号一小杯。

10. 23　星2

上午查病房，输液（8：40—1：55）服药注射如旧。今日摔折身（体）温表一个。晚写字二张，靠墙坐忽晕，躺下即止。

10. 24　星3

上午查病房，血压左 160/100 右 150/90，输液、服药，下午二时馀正输液忽晕，四十分钟后止。禹言来，景恩来，中华方南生来，复夏承焘信，即发，傍晚刘铁宝、唐杰明来。

10. 25　星4

医疗一切如旧，景荣下午来，知我点心已完，买来半斤蛋糕。晚写字，书毛主席西江月半首，忘记下文，用力思索，忽然头转，当即卧床，约一时以后起来如旧，但未知何时停止者。

10. 26　星5　夏历十月初一

服药点滴如旧，今日换用细针，二餐不碍，但太慢，至最末约百馀毫升时，针头堵塞不下，即拔除。未拔之前忽欲大便，病友为提瓶往厕所，大有耍狗熊之势，观者无不大笑（今日自上午九时输液，下午六时拔除，馀约百馀毫升）。今日下午俞宁来，老伴来买来许多点心，留下五元，敬莲老熊来。沈年润寄来超宽碑片二张（老伴送来）。

10.27　星6　初二

服药输液如旧。至傍晚针移动血管不通，手臂微肿，即撤针管，当馀约百馀 CC。下午孟宪章来送桔汁果筐，晚景恩来，嘱其将桔汁及果带与悦、惟，景恩送来沙辣一碗、点心二块，晚即吃完沙辣。今晨王笑中大夫谈今后可停输液，用针、服、理疗烤电、牵引诸法，确诊为颈眩晕。晚写复沈年润信。

10.28　星日　初三

今日已不输液，上午发信，在院中觉微恍惚，即归，看王代文，已撤管，能吃饭，小葵携悦来、鲍乐同来，老熊来，关婉福来。

下午林树芳来，带来郑诵翁信，郭亚英携章学晋来，史由中携小平来，颜冠雄来，小葵带来绿耳机收音机、《红楼梦》。洗汗衫。晚近九时量血压，左右140/80。

10.29　星1　初四

早五时馀醒未睡，六时半起床系裤时忽晕，即耳垂下，旋欲大便，老郭扶去，眼晕甚轻，只是头眩不稳，量血压右110/70。八时半已能起洗脸，略吃点心，九时量160/90左右同，服药注射各药外，加注"心血通"一针。

近中午王笑中大夫为设计牵引，明天开始。

下午乔人、老伴、老五、王奎克、赵承泽、孟宪章来。

老伴带来马国权信，已托李孟东带来脉通及六神丸。

晚仍不适，服眠尔通睡甚安。

10.30　星2　初五

上午服药打针仍加心血通。

理疗作超短波甚舒适。

下午景荣送萨其马来。

10.31　星3　初六

上午作牵引、理疗、服药如旧，老七来。

因作牵引换床。

下午俞宁、中文系军代表徐同志、郭预衡、王世襄、杨敏如、老伴、刘铁宝、唐杰明、孟宪章来。

11.1　星4　初七

服药，注射，牵引，烤电照旧。

11.2　星5　初八

治疗照旧。

下午小怀、李瑚、卞孝萱、杨伯峻、王钟翰、刘乃崇、钟少华、廖增宝、老伴、小葵来，发信一封致谢辰生。

11.3　星6　初九　阴雨

晨近六时忽转（左肋卧时，后颈忽动），眼右侧视震，左侧视不震，中午未吃饭，下午好了。上牙裂，托王大夫代去粘，下星三得，治疗如旧，只电疗未及作，牵引照旧作。

发信一封给老伴，索取上牙。上午本院内科护士安丽明来看，乃李桂生之女之同学，李命其来看者，七一届学生也。

11.4　星日　初十　晴

治法如旧，只未烤电。

下午鲍太太、俞敏夫妇、官策厂、郭增瑜、马尔静来。

11.5　星1　十一　晴

上午六时徐忽转，至十一时好，烤电，吃饭。刘大夫量血压左 145/86 右 140/80。

下午外文出版社的王同志来谈写稿事，为介绍马国权。老伴、马四姐、鲍瑛、陈璧子、柴邦衡、赵希敏夫妇来。

11.6　星2　十二　晴

晨起张大夫量血压，左 150/100 右 140/90，各项治疗如常，只烟酸减一针。

11.7　星3　十三　晴

上午注射只一针心血通，烟酸全撤，口服药如故。

下午外文出版社王同志来，仍谈写书事，为介绍马国权。王辉来，老伴与小怀来。今日牙补修成。

晚稍累，牵引时微晕即睡。王辉送来读者来信。

11.8　星4　十四

上午六时起，一夜睡甚安。

服药、烤电、注射心血通、牵引二次。

11.9　星5　十五

一切治疗如昨。

上午安丽明来看，下午赵守俨、吴树平、牟小东、王伍、王景芳来，王景芳带来日本印河南碑刻印本。

11. 10　星6　十六

治疗如旧，王笑中大夫查病房说牵引加二斤、超短波加几天，今晨四时馀醒，微晕，又睡，六时馀起床，上午张学铭来，留字与大夫，告以再造丸的流弊。

11. 11　星日　十七

服药、注射、牵引，今日理疗室休息。

下午老伴来，晚饭后稍晕即睡。

11. 12　星1　十八

上午治疗如旧，牵引加重一斤。

下午中医王大夫来诊，知我不能服中药，未处方。

钮隽来、小葵小悦来，金彝送其爱人来住院，到此室。

王代文出院，与叶青谷来，即送其出院。

刘铁宝、唐杰明来，晚微晕，旋止，服眠尔通睡。

11. 13　星2　十九

上午治疗如旧。

下午李爱冬来，老包出院，晚眼出金丝约一时止，晚睡觉未服药。

11. 14　星3　二十

治疗如故，过秤136市斤（连衬绒衣、汗衫、绒裤、单裤、鞋、医院衣裤），除衣物可得130市斤。

下午，外文出版社王炯光来，李修生、老五、谢元璐女来，李、谢时较长，谈较累，接陈凡、董琨、沈年润信，服眠尔通一片。

11. 15　星4　廿一

六时起床，仍出户呼吸，回至屋中，忽然大晕欲倒，经人扶住卧床平躺即好，大夫量血压左 130/80 右 140/80。

治疗如旧，下午小悦至放射科，晚未服药睡尚好。

接中华转来《文物》九期一册、吴小如信。

11. 16　星5　廿二

上午治疗如常，牵引多次。

午饭后晕，即睡，下午，王炯光（外文出版社）、葛信益、俞宁、老伴、乔人、陈家扬、孟宪章来，乔人的稿送审阅，看后晚近七时孟来即交渠送红楼，接潘际炯信。

11. 17　星6　廿三

下午治疗如旧，牵引两次。

终日未犯病。

11. 18　星日　廿四

上午治疗如旧，只未电疗（今日电疗休息）。

下午章景怀、刘松岩来。孟宪章来，将前小楷帖四册还之。

11. 19　星1　廿五

上午治疗如旧。

下午马四来，陈璧子、余淑班来，李大櫆来，王家琦来，章景恩来。

11. 20　星2　廿六

治疗如旧，自晚间起药略变，6911，地巴生（二片），维C，维6，颠茄（各一片）。

发致陈凡信。

牵引加二斤（共十斤）。

11. 21　星3　廿七

早八时对表

上午起床后微晕，上午颈俱不适，血压右 120/80。

下午俞宁来，老伴、小葵、小悦来。下午背靠枕曲项而坐，忽晕，旋止。治疗如旧。

11. 22　星4　廿八

上午起床时头不适，早饭罢即好，治疗如旧。张怀英出院。下午卧看《文物》，时稍多忽晕，约半小时即过，晚向大夫要咳嗽药，即加甘草药水一杯。

11. 23　星5　廿九

上午治疗如旧，取耳血，张大夫（女）查病，血压 130/80 左右同。

下午俞筱尧、叶青谷来，以洪仁玕字相示。官策厂来，老伴、章楚白来。谢元璐之侄来，言谢于午间住院，晚到三楼看谢。

11. 24　星6　卅

上午治疗如旧，查房，王笑中大夫说自明日停心血通针，下午上三楼看老谢。

11. 25　星日　十一月初一

上下午服药如旧，今日无理疗、牵引，针已停。

下午小怀、老狐、王邕安、谢小英、孟宪章来，禹言夫人及章学晋来。

11. 26　星1　初二

　　上午，五时半醒，忽晕，平卧即止，移时又晕又止，九时馀量血压右130/80，烤电、服药、牵引。

　　下午，周燕孙及周瑛来，申学敬携一刘某来，老伴来。

　　写信致鲍璟，告以不必买天麻了。

11. 27　星2　初三

　　上午仍小晕三次，牵引、电疗、服药，晚与肖谈，忽晕倒于其床上，旋即止。晚饭时章景恩来。

11. 28　星3　初四

　　上午，理疗、牵引（二次）服药。

　　下午，老伴来，刘启益、江淑娟来，崔净海来。

11. 29　星4　初五

　　上午起床时晕一次，烤电时枕略高晕一次。

　　查房右130/80，下午骨科医师来诊，试颈位方向眩晕情况，果有眩晕。姜燕、牟融母女来，潘吉星来，景恩来持陈哲如信来。

11. 30　星5　初六

　　上午理疗、牵引、服药如旧，与吴树平通电话，谈曹家琪生前整理五代十国文事（陈哲如信所问），旋将陈信寄与吴。下午马四、俞宁、史树青、王靖宪、鲍琳、章五来。

12. 1　星6　初七

上午查病房，王大夫将佩颈支具介绍信及骨科诊断意见书交我，下周自往假肢厂佩装，十床郭新书出院。

12. 2　星日　初八

理疗休息、牵引二次，服药。上午谢元璐来谈间忽晕。

下午，朱希元、衷俊、李孟东、傅大卣、崔净海、张力来。

12. 3　星1　初九

理疗、牵引、服药。上午换褥单忽晕旋止。

下午许振轩（安徽合肥教育局）来，老伴来，接马国权信。

12. 4　星2　初十

理疗、查病房、牵引、服药，覆马国权信，致王靖宪信询公园书展票事。上午祁大寿串门，其爱人住院在二楼。

12. 5　星3　十一

理疗、牵引、服药。

下午，老五来，在放射科见面旋走，交香蕉嘱带与小悦。连鑫来，老伴、小葵、小悦来。马尔华同文曾津来，张述蕴来，刘铁宝、唐杰明来。

12. 6　星4　十二

上午理疗、牵引、服药，量血压，左 160/100 右 140/90，下午到假肢厂配颈架，未配成，因须剃须。

12. 7　星5　十三

上午理疗，到假肢厂配颈架，昨日下午归院后剃须发，今日试石膏模,与吴树平通电话,昨通话托褚转告,竟未转。夜梦先母与媳在西屋,媳为母按摩。

上午老伴来,同去配脖架,十时馀归,理疗,今日牵引一次,服药。下午王序与其弟王启来,王钟翰、陈述来,谈《清史稿》已找到,李步云、孟宪章来。

12.8 星6 十四

上午理疗、验血、牵引、服药。

下午写信覆天津艺术博物馆,代谢元璐写信给张政烺,言已代约诊病事。

12.9 星日 十五

上午牵引。星期日无理疗,服药如常。

中午叶仰曦自外科病房来,下午俞宁来,老伴来。

煤气中毒之肖某搬至此室,闻王仪生得胃溃疡病,休息二周。

12.10 星1 十六

昨夜梦驴与我同见老虎,又梦一人甚高,云是李文田,又梦援师来病房看我,我迎去抱住,见言笑如平时,似未知其已死,又似知其已死复来,故迎抱也,旋醒。上午与吴树平通电话代续订参考。

上午查房王笑中大夫言可写信催促假肢厂,张钦鹏大夫为写信。下午俞宁来,将信交渠送往假肢厂。钮隽来,施式英来,章景怀来。买炼乳两瓶交景荣送王仪生,景荣退回一瓶。将积累各处信交怀带回,接陈凡信。

12. 11　星2　十七

上下午理疗、牵引（二次）、服药。

一日无事，晚与老谢送还考古报告，忽眩晕，旋止。再将牛奶一瓶送交景荣。将陈凡信与王笑中看，问日本药事。

写信问陈奇峰，书展事颜小雄要票也。

12. 12　星3　十八

上午、下午理疗、牵引、服药俱如旧。

下午老伴来，陈奇峰来，送纪念册一本。罗子期、吴九龙来。假肢厂做颈架经敦促提早半个月，于一月十五日往看。晚量血压左 165/95 右 155/85。娄师白与家中通电话要简历，下午写给陈奇峰求带交娄。

12. 13　星4　十九

上午理疗，上下午服药（撤甘草水）牵引，量血压左 170/100 右 160/100。与娄师白通电话，问昨写简历，已能用。写信与周瑛。

12. 14　星5　廿

夜梦先母与爹甚清楚。

上午理疗、服药、牵引，王大夫查了日本药名，待写信向陈索要。

下午聂石樵来。天津文管处张同志来，示新出汉碑。王家琦、官符、郭增瑜来。发信复陈哲如。章景荣去询颈架，云一月十号可去问。

12. 21　星5　廿七

表慢6分，今午对表。

昨夜大风，今日止，较寒，电台预报降温，但未太冷。牵引服药如故。下午韩瀚兄妹来，刘家和来，接敦进甜信，周瑛信。

12.22　星6　廿八　今日冬至
昨夜邻床病痛大便起床，夜半始睡。

王仪生来院复查，再休假二周，来病房谈多时。

牵引、服药如旧。

12.23　星日　廿九
有风，寒。

服药、牵引如故。下午，李华锦来，章景葵、老伴来，俞宁来。

12.24　星1　十二月初一
服药牵引如旧。上午不适，多躺。

下午乔人来，同到老谢屋听谈马王堆发掘事。

12.25　星2　初二
服药牵引如故。查病房，王大夫云脑电图已看毕，两边基本一致，只动脉硬化明显，自明日起再点滴一疗程。下午不适。

12.26　星3　初三
上午点滴葡萄糖500CC加罂粟碱、维C。点了145分钟。下午老伴来，小怀来。与老伴同出门买罐头，门前遇淙蒮、淙鼎兄弟，稍谈分手。渠原欲来探视，见面后请其勿再进院，约出院后再谈。

12. 27　星4　初四

上午点滴，同昨。今日 115 分钟，病房指导员约病员开会，征求意见。下午为病房写住院须知，晚饭后谢晓莺与其弟来，原是看其父病，下楼相视，谈次知其父病相当严重，但平日见其父精神尚佳，不知重病况耳。

12. 28　星5　初五

上午点滴 110 分钟，量血压左 145/90 右 140/80。老谢下楼来，下午景荣带小悦来，服药牵引如旧。

下午买萝卜等，老伴来，淙鼐、淙鼎来。

12. 29　星6　初六

上午点滴 120 分钟。下午在楼内遇王麦初来看胡传揆院长，因同去看，即出。服药牵引如旧。

今日病友邸老写信与神经科党支部（全室病员名义），祝贺新年，表示感谢。兹写诗一首（邸老名义），我为代写。

12. 30　星日　初七

上午点滴，左臂血管不好，扎二次不成，改扎右臂，100 分钟。与赵玉宾大夫谈，幼年头痛，眼前金线等症状，云为典型的血管运动性头痛（幼年有，至三四十岁即愈，发时有时半视等）。服药牵引如旧。

今早倒盆水，晃转之际，眼即眩晕（看写黑板时板动，看饭车推动皆如此），王笑中大夫查房与之谈此，王云头勿转，勿诱发，又云："你病能否巩固，我还担心。"

12. 31　星1　初八

上午点滴二小时，服药牵引如故。

下午王炯光来赠年历等，李华锦来。

邸老赠玻璃翠二枝，明天用土种上。

1974. 1. 1　星2　初九

上午点滴二小时又廿分。上午俞宁来，嘱其出门买电池及手电筒灯泡。

午后崔净海、章景恩、张述蕴、刘蕙如来。

服药牵引如旧。

1.2　星3　初十

上午点滴二小时，今日牵引服药如故。

下午，章七弟妇、景怡来，老伴来，带来吴树平所带之物，有赵诚之信，可复陈哲如矣。牟小东与陈来，李步云来，小安来。今日不舒适，小晕数次。

1.3　星4　十一

上午点滴140分钟。下午章景荣从家中带来书二册、裤一条。服药牵引如故。

1.4　星5　十二

晨四时半小便忽晕，晨六时馀始起，上午多恍惚，近午始好。服药牵引如故。今日点滴停。发致陈哲如信，附赵诚来信及各件旧信。

1.5　星6　十三

晨起不舒适，牵引一小时，服药如旧，晚仍牵引。

下午，故宫王海文、刘九厂来，以宋画嘱看，又看照片三件。

徐邦达来，马四携小雄来，颜冠雄来，发致孙毓棠、王俊恩信。

1.6　星日　十四

牵引、服药照常，下午眩二次，后次较重，约四十分钟，眼右看、上看有震，左看不震。李华锦来（发病时李在坐），陈大夫（河南人）来看，晚王俊恩来，还裤子书包。

1.7　星1　十五

上午下午服药牵引如故。中午王世襄来。

下午老伴来，接敦进甜信，孟宪章来。

1.8　星2　十六

服药牵引如故。

下午刘宗汉来，旋去，王景芬来，询自叙帖问题，谈稍久。

1.9　星3　十七

晨起晕，移时渐好。上午邸老出院，送其出楼，在小卖部门外忽倒，旋起。下午老伴来，王炯光来。

1.10　星4　十八

上下午服药牵引如常。电询颈架未得，须十五日再询。晚张钦鹏大夫来谈出院问题，告以春节疲劳事，张云可过节，晚略晕。

1.11　星5　十九

上下午服药牵引如旧。午后，景怀、景葵来，李华锦来。

1.12 星6 二十

上下午牵引服药如旧。上午王大夫（笑中）查房，诊气管炎问题，给"支气管炎四号"，中药片剂，每日二次，每次二片。

1.13 星日 廿一

上下午服药牵引如故。

下午老伴来，官策厂来。晚校正牵引枰槌，共九斤。

1.14 星1 廿二

上下午服药牵引如故。

下午老五来，小怀来，言王炯光送票三张。

1.15 星2 廿三

上下午服药牵引。下午遇吴逊大夫，为孙毓棠与吴约诊病，即发信寄孙，告以去诊之法。

1.16 星3 廿四

上午老伴来，同赴假肢厂试颈架。接鲍璟信，知十一月廿六的信并未寄到。服药牵引如故。

下午陆京生来，黄书勋来。

1.17 星4 廿五

上下午服药牵引如故。下午俞宁来，复鲍璟信。

1.18 星5 廿六

上下午牵引服药如故。

下午中华赵守俨、吴树平来，赵承泽、王奎克来，申学敬与其同事刘某来，意在求书。

1.19　星6　廿七

上下午服药牵引如故。

下午章景恩来，接陈凡信。

1.20　星日　廿八

上下午服药牵引如故。

下午老伴来，毛小妹来，崔净海来，陈滋德夫妇来。晚饭后章景恩来，取来颈架，试带合适。接夏承焘信，知其曾来一信，但未接到。

1.21　星1　廿九

上午查房，见脖架，以为宜垫布免伤胸上肩胛骨，续给气管炎丸。章景荣送罐头二个，发信复夏承焘。冯荫锡来。

下午刘漠来，送果一筐，代表系里慰问。傅熹年、章景葵、张政烺、王钟翰、刘起釪来。接马国权信。

1.22　星2　卅

上午将果筐交景荣带回小乘巷，景荣送来菜一盒。牵引服药如故。晚与同室病友到医院门前一观，今晚鞭炮甚多，今年春节比往年繁荣热闹更多。下午俞宁来。

1.23　星3　农历甲寅年正月初一

服药牵引如常。中午章宝良、章景怀、章景悌来。下午李华锦、崔净海、章景恩、章景葵来，张永祥、马尔静来。

马王堆汉墓出土的药物（下文是节抄的）

在女尸手中的香囊以及椟箱里的香囊绢袋绣枕中都装有不少药物，经有关部门研究鉴定为：辛夷、桂、花椒、茅香、佩兰等。

这些药物均具有芳香性和驱风、发汗、祛痰、利尿等作用。从出土情况分析，当时是有意把这些芳香药物用于防腐解秽的，多曾进行炮炙加工，如桂刮去外皮，切成小长方块，茅香装在绢袋中是切成小段的。

图一、佩兰，二、茅香，三、辛夷的花蕾，四、桂干皮。

（人民画报 1973.7.）

1.24　星4　初二

服药牵引如故。上午老五来。

下午老伴来，丁树奇来。

1.25　星5　初三

服药牵引如故。下午鲍乐同来，陈奇峰来，赵璞珊、李瑚来，赵、李来时忽晕，旋止，王仪生来，马尔恭、李光沛来，马尔华来，孟宪章来，冯萨锡来，章景德来。今日甚疲。

1.26　星6　初四

上午试改牵引方式，坐牵十五分钟。俞宁来，其父母继来，下午赵家琦来。冯萨锡送角子一盒，韩瀚来送月历等。发寄陈哲如信（询前信接到否）。

1974.1.27　星日　农历正月初五日

服药牵引如常。

下午章景恩来，傅熹年来。

1.28　星1　初六日

清晨有小雪，未到地即化，九时日出，章景恩来送来茶叶，下午刘博琴来，老伴来，张平勋来，服药牵引如旧。

邓大夫与室中人谈我将出院。

1. 29　星2　初七日

上下午服药牵引，发寄马国权信，查病房赵大夫谈可否出院。

1. 30　星3　初八日

上下午牵引服药如故，上午小雪，日曦持出。

下午老伴来，王炯光来，以马国权稿见示，章景怀带小悦来。

1. 31　星4　初九日　晨有雪旋止

昨夜邻床新来病人，诊查治疗，室内正乱，睡眠不佳，晨起头晕，晨有雪，较大。王大夫拿来灵芝液二瓶，今日开始服。

今日服药牵引如故。

2. 1　星5　初十

上午有雪较大，午止，服药牵引如故，今日晨起后微晕，午后仍霰雪至夜不止，章景恩来，接陈哲如信言十国文稿确无有。

2. 2　星6　十一

终日雪，上下午服药牵引如故。

下午金启孮偕贾来，王炯光来，以马国权稿还之。

2. 3　星日　十二

雪午晴，服药牵引如故。上午王畅安带敦煌来，敦煌已廿八岁矣。下午谢刚主偕王伯祥先生之子（王湜华）来，章景葵带小悦来，刘乃崇来，近七时陈滋德来。

2.4　星1　十三今日立春

上午下午牵引服药如故。

下午傅苓来。

2.5　星2　十四

上下午服药牵引如故，上午查病房，王笑中大夫云可出院治疗。

下午白冯家带来角子一盒。

2.6　星3　十五

上下午服药牵引如故。

下午钮隽来，李华锦来，老五来，章景怡来。老伴来，告以王大夫所云出院事。发信三封：1. 陈奇峰（言草书释文事）、2. 刘乃和、3. 吴树平（转告五代十国文事，并附陈哲如信）。

接马国权信、陈哲如信、香港贺文略信。（贺为华侨日报编辑，以其画展印册相赠，夙不相识者。）

2.7　星4　十六

上午陈清棠大夫（（副）主任）来，言组织病房学习批孔，留多住几天，以帮助学习。

服药牵引如故。今日新交来灵芝液两瓶（400cc），午饭后开始服此新液（前两瓶今晨服完）。晚看冯，其喘病正大发。

2.8　星5　十七

上午看冯，其喘稍好。午景荣拿茶叶来。午后马四来，颜冠雄来，老伴来，接病友冯毓焴信。

服药牵引如故，买电池。

2.9　星6　十八

上下午牵引服药如故，但睡不好。

2.10　星日　十九

上下午牵引服药如故，上午起床早饭后又睡至午饭。

下午陈滋德来即同上楼看谢。午饭后看冯已好转，仍不能卧。张卓人来。

2.11　星1　二十

上下午牵引服药，下午陈滋德来谈其爱人已作初次点滴见效，又同上楼看谢。老伴来。

2.12　星2　廿一

上下午牵引服药如故，上午老谢出院。

下午126、130两病室合组学习批林批孔。

2.13　星3　廿二

上午量血压，左150/100右150/90，牵引服药如故。晚饭后看老冯仍喘，还其印泥等。灵芝液二瓶今晚服完。

2.14　星4　廿三

上下午牵引服药如常，下午王笑中大夫又谈到出院问题。

2.15　星5　廿四

上午与穆奎津大夫约明日到门诊看气管炎。

下午老伴来，淙霏来，孟宪章来。

2.16　星6　廿五

上午王仪生来，同到门诊看气管炎，看后同到同和居午饭，饭后归病房，发信到师大中文系党总支，表明感谢，报告病况。

尊敬的党总支负责同志：

我因眩晕症在北大医院急诊室输液七日后住进北大医院，经过照像，知是颈椎骨质增生，椎间孔十二个中已有七个严重狭窄，挤得血管流通不畅，以致供血不全。除服药外，用牵引方法调整骨节之间关系，现觉症状有所减轻，仍在继续治疗。前承徐吉全、郭预衡同志亲到医院探视，又承古典教研组张俊同志关怀惠信，春节时承刘漠同志来看，携惠珍贵果品并传达宣传队领导同志的关怀，又在我住院后不久时，组织上还代为结算疗费，这都使我感到无比的感激！

我现在既已找到病源，试用的疗法也有效，因此我争取早日出院治疗，可腾出床位给更急需的病者。

我今后一定铭记领导的关怀，好好遵从医嘱，加速治疗，以便早日投入运动（批林批孔的斗争），改造自己的世界观，为祖国的社会主义革命和社会主义建设多作贡献。

2.17　星日　廿六

下午老伴来，接鲍瑛信。

下午吴晓玲、王金璐来，冯世善来。刘逖来，持耿大夫信问草书释文事。景葵带章学晋来。接马国权信。

2.18　星1　廿七

上午告诉大夫拟明日出院，午后老伴来，冯荫锡来。晚饭后看冯，告以明日出院，冯转来金五信。

2.19　星2　廿八　今日雨水

　　上午结算帐目，九时半老伴来，出院。自去年十月十八日住进医院至今日适满四个月矣，归为小悦画小人忽晕。

　　下午甚疲，只卧，自到家，咳嗽顿减，足见与病室太热有关。

2.20　星3　廿九

　　服药如常，略理书案，王湜华来看，自医院来也。

2.21　星4　卅

　　服药如故，午间王仪生来看，送来咳药。

2.22　星5　二月初一　冷

　　服药如故。

2.23　星6　初二　冷

　　上午蔡超尘来，冯荫锡来，下午老七来。服药如旧。晚摘下颈架上厕所，忽晕甚厉害，即睡。

2.24　星日　初三　风、冷

　　终日服药，晚章景恩为做好牵引绳套滑轮等。

2.25　星一　初四　冷有风

　　今日开始牵引，为出院后第一日牵引，服药如故。晚刘铁宝、唐杰明来，接马国权信。

2.26　星二　初五冷

　　牵引三次，服药，俞宁来。

2.27　星三　初六　稍回暖

　　上午章元美来，李桂生来，下午吴小如、钮隽来，香饵姥姥来，马四来，王钟翰、张政烺来。牵引服药如故。

2.28　星4　初七

　　上午下午牵引服药，中午狄四叔来，午后孟宪章来，傍晚官策厂、郭增瑜来，郭以药水相赠，谓能治骨刺，其名曰"氢万"，乃301医院所出者。晚老熊来，旋去，见余太疲矣。

3.1　星5　初八

　　牵引服药，上午淙鼏来，在此午饭，饭后去，下午写字。晚吴九龙来，谈汉竹简中古书问题，夜咳甚剧。

3.2　星6　初九

　　牵引服药如故。终日无人来，午饭甚少，因昨夜咳甚，午后睡较安适，服氨茶碱，发信三封：1. 致黄在山，2. 马国权，3. 何楚侯。

3.3　星日　初十

　　服药牵引如故，上午俞宁来，忽晕。下午牟小东、马士良来，耿鉴庭来。

3.4　星1　十一

　　中午关婉福送工资来，服药牵引如故。

3.5　星2　十二

　　晨起欲赴大觉诊所量血压，出门觉晕眩，即归。何楚侯派重外孙刘世同来送所借帖。

晚陈家扬来。

3.6　星3　十三

服药牵引如故，傍晚王仪生持血压表来，为量血压，左145/85 右150/90，甚平稳。上午老七来。

发致钱君陶、黄在山信。

3.7　星4　十四

上午颜冠雄来，送来刘乃和信（寄至医院，由小安带来者）。

牵引服药如故。

3.8　星5　十五

牵引服药如故，下午鲍太太来，晚与老伴同至北口吃饭，余未同去。发致何楚侯、刘乃和信。

3.9　星6　十六

3.10　星日　十七

3.11　星1　十八

3.12　星2　十九

医疗如常，老伴值班站岗，王靖宪来。

3.13　星3　二十

医疗如旧，午间韩瀚来。

3.14　星4　廿一

上午到北医门诊看病，出院后复查也，血压左 150/90 右 160/90。服药各种如旧，牵引嘱勿过重过久，现在程度即可，吴逊大夫所诊者。又到气管炎门诊看穆奎津大夫，续要灵芝液。遇余淑宜母女，闻让之又住院，其词闪烁，恐已不起，但不欲相告，恐余病中伤心耳。

下午接金五信，发寄泾县纸厂信，李华锦来。

3.15　星5　廿二

牵引服药，上午往看傅老，病况不清。近午陈奇峰来，下午人民文学出版社林东海、盛永祜来，以有关《红楼梦》资料来询，并索书。晚刘乃和、梁敬莲、鲍琳、毛小妹来，晚疲甚。

3.16　星6　廿三

3.17　星日　廿四

上午俞宁来，服药牵引，下午杨敏如来，忽晕，孟宪章来。

3.18　星1　廿五

服药牵引如故，上午陈家扬大夫来，李桂生母子来。下午王辉来，晚饭前晕。

3.19　星2　廿六

上下午牵引服药，下午刘博琴来为余刻印二方，王靖宪来，狄四叔来，同至北口便饭，饭后理发，发信二封，金协中、韩瀚。

3.20　星3　廿七

上午看傅老，病甚剧矣。中午国际俱乐部尹同志送纸属写大横幅，俞达送来其父答余问题，问音韵问题者。

3.21　星4　廿八

牵引服药如故，晚看铁宝，索还王帖，托其寄钱与上海书画社买赵帖。

3.22　星5　廿九

牵引服药如故，终日身体不适。

3.23　星6　卅

3.24　星日　三月初一

牵引服药如故，上午王畅安来，谈赵州桥题名事，并言史树青之夫人无故自缢死。下午来人甚多甚疲。计：陈奇峰、钟敬文、张述蕴、牟小东、衷俊、官策厂。

客去后，闻傅老故去事，当即前往，已送到八宝山矣，闻是昨日下午一时卒，其家以余病特不通知。今早王畅去，傅家嘱其勿泄，至晚始知也。不怡者竟夕。

3.25　星1　初二

服药牵引如故，写信答复陈奇峰问草书释文事即发。偕老伴同访何楚侯，送去册页，在西单吃饭。

上午陆颖明来。

3.26　星2　初三

服药牵引，下午张光宇大夫来相看，惠大前门烟一条。

3.27　星3　初四

上午周瑛来，下午天津艺术博物馆二同志来问字体问题，欲作书法展览，并征作品。马四来，同至北口饭馆吃饭。

3.28 星4 初五

上午赵元方、朱家溍来，午后李桂生母子、牟小东来。

接陈凡信。

3.29 星5 初六

上午马士良来，下午王炯光、李海同来，谈书法小册如何撰写事，余仍推荐马国权。

3.30 星6 初七

下午同老伴到邮局取上海书店退回书款。

3.31 星日 初八

今日晨醒不适，未敢即起。今日来客太多，极疲。自晨来人计：俞宁、周振甫、李仲耘夫妇、老熊。下午何楚侯之婿及外孙婿来送帖，赵璞珊、刘翰屏、高殿卿，晚傅熹年来。

4.1 星1 初九

下午钮隽来，坐甚久，余不支，即卧。上午张中行来。

4.2 星2 初十

上午章熊来，王炯光来，嘱题出版之《鲁迅诗选》签，章来是问书法。臧华云来。

下午卢松厂来。王钟翰来，王送来"科学实验"数册，中有余为写之版头，故送书为酬，张政烺托其带来也。即将白寿彝夫妇之款，求带交张政烺，又将参考消息费三元交吴，又将香港贺文略来信并画册托交中华组织上一观。

4.3　星3　十一　大风

上午到傅家。

4.4　星4　十二

上午发工资，关婉福送来。蔡超尘来看字帖。下午与老伴到北医住院处问王笑中药物，将假牙交王大夫修补。晚傅熹年来还书。

4.5　星5　十三

4.6　星6　十四

4.7　星日　十五

廖增宝来，以米帖赠之。

4.8　星1　十六

中午过后吴树平来送毯子等，下午同老伴为何楚侯送册页，在西单吃饭。

4.9　星2　十七

周瑛来，燕孙约游颐和园，不能去谢之。晚看傅家。
发信复金五、陈奇峰。

4.10　星3　十八

赵元方来，午后林树芳取字去，王湜华送所借稿。
发信复马国权、吴小如。

4.11　星4　十九

赵元方来。

4.12　星5　廿日

尹敬坊来，余让之二女儿（嗣音、嗣弁）来谢，下午张忧石来送书。禹言来。

4.13　星6　廿一

陈奇峰来，谈展品释文等，以汉瓦赠之。

晚俞宁、李华锦来。

4.14　星日　廿二

4.15　星1　廿三

晚吴九龙来，言竹简问题，牟小东来，以其侄画问。

4.16　星2　廿四

上午整理拓片，下午吴九龙来，仍谈竹简说明稿。刘伯琴来，以印求其再刻。王靖宪来，病休半日也。

4.17　星3　廿五

上午到诊所量血压，150/90 右，尚平稳，买食品买药，在北口吃午饭。下午王辉来，以文稿嘱修理一部分。晚暖水瓶因踢倒炸碎，接魏启后信。

4.18　星4　廿六

下午王静、刘铁宝来，晚与老伴收衣服。

今日上午不适，未吃午饭，发信三封：郑万、夏承焘、刘博琴。

4.19　星5　廿七

上午肖甲来，比在医院时痊可多矣，但仍颤抖，赠小花二棵。下午谢刚主、土靖宪来看碑帖也。晚俞宁来还帖，刘铁宝来谈借碑事。

4.20　星6　廿八

上午下午整理北屋书架，晚写字之际忽又眩晕。牟小东、陈秉立来。

4.21　星日　廿九

上午王靖宪来、王宏钧来，午陈奇峰来送还拙书一幅，借走《楚辞》，下午徐邦达来，借去《急就章》。

4.22　星1　四月初一

上午同老伴到新街口买药等。

下午史树青、陈鹏程同来，以出土文物到日本展览画册为赠，乃出土文展所赠者。

4.23　星2　初二

上午老七来，同到北口吃饭。接夏承焘信。下午铁宝来还书，申学敬、刘煜来同来。

4.24　星3　初三

上午同老伴至新街口换水壶，在北口吃饭，王靖宪来，未坐即同出，借去《鲜于璜碑拓本》，午后拆炉子。

写信致夏承焘，今晨寄去《红楼梦》，以书告其注意，恐再失也。

4.25　星4　初四

上午淙鼐来，在此午饭。下午睡觉约二小时，俞宁来，晚老熊来。

4.26　星5　初五
上午乔东君来，晚刘松岩来。

4.27　星六　初六
今日无人来，甚清闲，写字，临唐人写经将毕，今日有二次恍惚。接金五信。

4.28　星日　初七
今日晚饭后与王仪生谈话顷忽眩，即躺卧稍好，但恶心，陈家扬来，仍躺与之谈，未起。

4.29　星1　初八
傍晚中华曹兴志来，旋去，接郑为所寄《赵千文帖》。

4.30　星2　初九
晨未起，郑诵老介绍洪钧陶来，老七来，以画求鉴，并问书法。下午施式美来，俞宁来，同在北口晚饭，遇老熊。

5.1　星3　初十
王靖宪、孙德宣来。

5.2　星4　十一
今日来人甚多，马四、马尔华、韩玉珉、小隆、钟敬文、晚刘乃和、乃崇、蒋建兰、小群。今日极疲。

5.3　星5　十二

5.4　星6　十三

晨关婉福送工资，下午与老伴至新街口买物，在北口晚饭，饭后在熊家坐多时。

发信三：郑四、老五、陈凡，以《赵千文》还郑。

5.5　星日　十四

晚艾连鑫来，将《汉鲜于璜碑》复借与刘铁宝。

5.6　星1　十五

晨汪同萱来，言与鲍琳将离婚。张中行来。下午与老伴看鲍瑛谈鲍琳事真相，在帅府园吃烤鸭。取夏承焘寄来书信。发复夏承焘信、致费在山信，皆挂号。

5.7　星2　十六

鲍太太来，谈鲍琳与汪同萱离婚事。张光宇大夫来。

5.8　星3　十七

晚李行百来。

5.9　星4　十八

中午忽晕。下午孟宪章来，以毛公鼎片还之。晚老熊来，略坐，廖增宝来。

5.10　星5　十九

终日写字，腰疼，但非关写字。

5. 11　星6　廿日

王湜华来，以拙书数页赠之。

5. 12　星日　廿一日

接夏承焘、费在山信。

5. 13　星1　廿二

刘松岩来。

5. 14　星2　廿三

收费在山信。以十元托王大夫送与刘博琴。

5. 15　星3　廿四

下午王靖宪来，晚与老伴、景荣、小悦同至动物园广东餐厅吃饭。接魏启后信。

5. 16　星4　廿五

发寄费在山信，寄去所求写各件。

5. 17　星5　廿六

5. 18　星6　廿七

上午袁翰青偕王奎克来，陈奇峰来，下午俞敏来，晚熊偕梁静莲来。

5. 19　星日　廿八

连日不适，不喜吃饭，仍是住院前现象，中午章家两舅爷来，在章家呆一天，以其友人字相示，问书法。

5. 20　星一　廿九

不适，上午周瑛来午饭后去。

5. 21　星二　卅日

不适，上午方南生、黄克来，以活页文选签嘱题。

5. 22　星三　闰四月初一

上午至赵元方家，送所求写册，中午李桂生来，费在山寄羽扇来。

5. 23　星四　初二

复费在山信。

5. 24　星5　初三

5. 25　星6　初四

5. 26　星日　初五

5. 27　星1　初六

5. 28　星2　初七

5. 29　星3　初八

5. 30　星4　初九

5. 31　星5　初十

上午李桂生母子来，外文出版社吴、张二同志来送《鲁迅诗选》印本。下午糊窗。

6.1 星6 十一

蔡超尘来，下午李爱冬来，晚饭时夏四来，不适，未吃午饭。

6.2 星日 十二

上午陆宗达与其外孙来，刘起钎来，陈奇峰来，以梨膏相赠。下午，何楚侯遣其婿来，以册跋属改字。

6.3 星一 十三

写国际俱乐部大幅字，不好。连日不适，至诊所量血压，左 170/100，右 160/100，晚张述蕴来欲借《红楼梦》资料，今已全失，下午傅太太来。
......

6.13 星4 廿三

晚韩瀚来，偕张国兄长。

6.14 星5 廿四

终日未出门，亦无人来，发复吴晓铃信，接韩继东、徐邦达信。

1982年带学生参观故宫

3 月 MAR.

第十一星期

7 星期日 SUN 66 上午5点半即起，忽起。拉李亚春。李亚春之二三件，文街山小松古习卜人及陶讲款令最作。古绿善亲表，黄庭经等王泰州跋。军事作跋令。兆挂批较评本。李约评跋。袍作许书作。8中华人件，李级毡礼器。晚赴马经事，云评泉。

妇女节 8 星期一 MON 67 上午偕许赴大公。拍罗松小公宴，辞陆陈省到中苏接商会，孙城芳约也。省店出纪（宾芬先门）车，诸么。铭偕陆事作评跋。晚饭生亲亲，诸讲淡事。晚作雅礼。

9 星期二 TUE 68 上午中午等诸饮饭。一日在雅礼来出门，8等兄（幸年）拔诗偕区偕书5子去宴偕诗。

10 星期三 WED 69 上午偕丰到雾宫。丰先生。午饭必到丰家。诸跋义。晚丰先时偕生米宫领。饭似家莫接。作雅礼。

11 星期四 THU 70 上午偕许到大业。任诗亭乡。下午看金太必。早李祝。思思抒古卡。图到中华门京。再到大业。北陵约晚多。5小晚。早饭丹来电必怨诸本。个口报警。

12 星期五 FRI 71 上午在研究室写字制作。创隆书重新索奇，午丰纪芳新同饭。芳石雅礼会之件表诺委会事。下午等偕山埸拉子同到至涟买碳色。莫莘。晚饭必偿。

13 星期六 SAT 72 上午偕许到金仲。石变求。写字。晚共母玉英泉稍示偷房山。即写去求。

1982年日记 （一）

1982年日记（二）

日本行

1983.2.28.

上午八时起飞，十时到上海，机械，待六小时，再飞，过二
八时四十分抵成田机场，住赤坂东急饭店。

3.1. 上午到三越参观宇野雪村书法展，全名署款(三人)
顶宴，余致词，余写一幅，余写十六字个。

"亲王岳连今富士房，兄弟谊，君夕海画翻"

下午访每日新闻，又到大使馆，见宋之光大使，蔡子民等赞，
文建等赞，徐肖民同志，蒙宴作。

3.2. 上午睡觉，十一时到雪庄吉，婚礼，折蓬去致词，
雪庄夫人设午餐，在日本馆，涮肉极嫩，下午逛地下铁车，
友协束来每人七千馀日币。(六十元两兑)晚饭吃日本小馆
滑面荞麦，荆弘赠小猫画册，上午雪庄赠夫妇对瓶
己一个，晚写色纸十页。(未完)

3.3. 上午参观中村不折旧居书道博物馆，卡摄，
馆长精慰即出，访日中友协，再到使馆，写字赠赠，
(写5黄月字，董尚瞻[写基玉])大使请晚饭去搓，们
嗳去。

3.4. 中午森住和弘增吃烧烤猪肉，下午四时绍增
彤招贺宴，看大戏。

赴香港讲学日记

(1982. 3. 3—4. 6)

3. 3　星期三

晨 8：30 分自首都机场起飞，经天津略停，1 时馀抵港，牟、常、马、许来接，到中文大学住雅礼宾馆，晚常约晚饭，作书寄小乘、学校。晤文学院长刘殿爵，客座教授周策纵。常字恕齐。

3. 4　星期四

偕常宗豪访马临校长、郑德坤教授，同在外午餐，下午由许陪同买（棉）衣、手表、圆珠笔三枝，访马，同晚餐，偕许归。早餐时遇台籍教师有：侯健为台大文学院长，朱立民台大外文系，各谈各的，侯对叶有评。

3. 5　星期五

早常约，下午随许到港，晚赴牟宴、有罗、常、刘殿爵、费十一，诸人有不识者，菜极佳，山东之精华。

此日与翌日，因宿于港，未携此册，三日后追记，已不太清，脑力衰颓可见。集古斋彭可北、胡佳塈。

3. 6　星期六

上午偕许、马拜王匡、祁峰。下午拜陈凡、潘际坰、陈鸣，

159

晚宿许家。在集古看书，到大荣看书，就庄善春医（5日事）。

3.7　星期日

上午与吴羊璧、曾君访李启严，看其藏品三件，文衡山小楷古诗十九首及陶诗数首最佳，古缘著录者，《黄庭经》有王弇州跋，塗笔作双勾，张猛龙碑平平。吴约午饭，旋归许家作书了中华各件，李侃送礼者。晚赴马子婚宴，宿许家。

晚同席有陈炽为某公司经理、吴羊璧之同事书谱编者曾荣光。

3.8　星期一

上午偕许赴大公报，拜罗于办公室，旋随陈鸣到中华总商会，孙城曾约也，有廖安祥（有事先行）、牟诸公，饭后随常车归雅礼。晚饭在常家，谈讲演事，晚归雅礼。

晚与常谈关于语言之管见，常极相赞许，观其藏书画，午餐坐有曾宪梓，赠领带皮带，黄家原为孙之秘书长。

3.9　星期二

上午中午常请吃饭，一日在雅礼未出门，与黄君（青年）谈诗律，渠借书与予在宾馆读。

3.10　星期三

上午偕常到乐宫，牟先在，午饭后到牟家，谈甚久，晚牟夫妇复在乐宫饭，饭后常来接，归雅礼。

3.11　星期四

上午偕许到大业，张待午餐，下午看金尧如，吴羊璧，遇梁披云，到中华门市，再到大业，张复约晚餐，餐后归。早张丹来电求题课本。今日理发。

在大业买书甚多，日本印文与可作二件共二个，王石谷山水、温泉化度各一册，买玻璃小兔85元。

3.12　星期五

上午在研究室写字数张，金陵书画轩索者，午常约劳斯同饭，劳为雅礼会之代表约茶会事，下午常偕小冯拉予同到香港买朱色笔等，晚饭后归。买圆珠笔，塑料毛笔等，约数十元。

3.13　星期六

上午偕许到金钟，至其家写字，晚其母至其家，稍不便，屋小，即寓其家。

3.14　星期日

上午在许家写字，下午偕许在街上买玩具等，晚在其家画竹，马国权来同看画竹，晚住许家，配眼镜二付，约徐冠华来许家谈。

买猫狗画片、小兔打鼓、魔方共80余元，作书致小怀，问郑喆眼镜事。

3.15　星期一

早归大学，看图书馆，见日本印台印许多古书，拟函购，下午拟讲稿，晚常请客，在乐公楼，有港大认之人及罗、陈、牟、饶。

晚饭时陈鸣带来孙城曾所送纸笔，陈代印名片。

3.16　星期二

终日在校，午常约饭，晚冯幗见约饭，有曾宪通，黄坤尧，接中华寄来拙著十册。

3.17 星期三

上午为郑画册书联，发寄傅璇琮信，午后四时讲课，听者不少，讲一小时谈论半小时，晚常约诸人晚饭，接章景恩信。

3.18 星期四

上午待研究生于研究室，昨所约，竟未至，午王俊民来同午餐，同出至尖沙嘴逛书店，又到王家，晚同小吃，常接回。

王殊怪，其外号曰假洋人，气味与人殊也，有洋奴处亦有吹牛处，何也？

3.19 星期五

上午常约游海洋公园，看海狮鲸鱼之戏，午后归，已一时半。

晚中文系设宴在马会二桌，甚盛，同张双庆归许家。

3.20 星期六

上午偕许到铜锣湾，晚住许家。

十时访陈鸣，同访廖安伯及陈□，午廖约午饭，饭后在陈处休息，后同高出门到高家题画后李侠文约在陆羽（茶社）晚饭，饭后上太平山顶观夜景，坐缆车下，归宿许家。

李有二画，罗汉图甚古，不减宋，似北画作，南田松石临本。

3.21 星期日

上午在许家，午许之父请客在北园，席甚盛，下午偕高、许买衣物，晚高在家约饭，题画，归宿许家。

3.22　星期一

早偕许坐校车归校，午周炳辉、黄毅、王桂鸿同来约午饭（在府雍山房），午后休息，晚写论书诗稿，睡较迟。

3.23　星期二

上午起晚，十时馀到办公室题画，下午四时香港大公报陈凡、李侠文，潘际坰约晚饭，晚拟诗稿，接徐冠华信。

3.24　星期三

上午在办公室写字题萧立声画，午后小憩，三时四十分至讲堂，坐已满，约百余人，四时讲至五时又提问至五时半，据云今日为听众最多者，晚郑德坤先生约饭。

3.25　星期四

上午到办公室写字，中午苏、孙、黄约饭，下午写字，晚在刘殿爵家壁栏看书。接章景葵信。

3.26　星期五

晚在新亚书院晚饭，其院长等请客，饭后请谈清人生活。

3.27　星期六

上午写字，看郑德坤藏写经。

中午随许到其家，午后小息，李鹏翥来，共在朝鲜馆晚饭，饭后在许家谈字，写字。

3.28　星期日

上午在许家，旋与李鹏翥同至陆羽晤汪孝博，坐有李、马、许、常后来，午后在文联庄买帖，随常车归，晚在常家晚饭，看其藏字画，准备明日讲稿。

3.29　星期一

上午在研究室写字，下午在港大讲红学之管见，"我对红学研究之管见"。

晚港大请吃晚饭，接郑喆信，眼无散光，发寄王悦信。

3.30　星期二

上午下午俱在宾馆写字，晚陈天机约晚饭，坐有一陈太太，自称旗人，万分恶劣。

3.31　星期三

上午在办公室接见音乐系叶明媚，询书法也，午蒙君请午餐，下午略息，六时半到敏求精舍，利荣森请客，并看其藏品。

沈石田盒子会诗大字高卷，谢时臣图已失，文征明小楷落花诗，真迹。其他祝、王宠、董字册俱假，王铎卷亦假，黄某藏扇数十页俱伪，今日所看皆字。唐六如诗卷，罗氏曾印者。

4.1　星期四

4.2　星期五

讲写字于艺术系，午晚俱在马会，收拾行李。

4.3　星期六

上午与冯帼见、周策纵谈诗，中午往美丽华，正午到，廖老在，有女士佘妙枝在。晚何厚堂请乐宫楼。

4.4　星期日

中午马国权在家约饭，修眼镜。晚大公报宴，陈鸣约也，乐公楼。下午陈鸣、刘锐生访问。

4.5　星期一

中午佘妙枝约饭，有赵少昂、廖、商承祚自广州来预宴，晚新晚罗公约，乐宫楼，晚张贾（乐亲戚）来。

4.6　星期二

中午刘绵庆约中华总商会，晚庄善春大夫约，北达。张应流送行，乐客楼曲经理赠萝卜丝饼。

洛阳行记

（1982.7.19—7.21）

1982.7.19—20（29 为农历六月初一）

下午八时半自京乘 121 次车往洛，经一夜，次日上午十时半抵洛，前站交涉不太利，彼误认为中日合拍，遂有传，刁难，今似已释，午后李渠同志交涉具体日程。

21　星三

上午七时余乘车出发，先到偃师县缑山，看升仙太子碑，继看少林寺，照裴确书碑、赵书福裕和尚碑、董书碑。王知敬书武后诗小碑，蔡京面壁之塔四字，余无可取，午饭（在登封县街上）后摄录像（少林只拍照片），继到中岳庙，灵庙碑用小屋锁起，剥落不堪，三阙俱关起不能看（各在一处，太宝阙在庙对面）。到洛阳已八时馀，街馆晚饭。

日本行记

（1983. 2. 28—3. 27）

2. 28

上午八时起飞，十时至上海机坏，待六小时再飞，过二小时四十分抵成田机场，住赤坂东急饭店。

3. 1

上午到三越参加宇野雪村书业展，余为剪彩人之一（三人），酒会余致词，各写一幅，余写十六字耳。

"豪、五岳遥齐富士高，兄弟谊，晨夕海通潮。"

下午访每日新闻，又至大使馆，见宋之光大使、蔡子民参赞、文迟参赞、徐肖民同志，发家信。

3. 2

上午睡觉，十一时到雪江堂，赠礼，推董老致词，雪江夫人请午饭，在日本馆，涮肉极嫩。下午逛地下街市，友协交来每人七千余日币（六十元即兑），晚仍吃日本小馆，汤面甚鲜，彬弘赠小猫画册。上午雪江堂各赠提包一个，晚写色纸十页。

（未完）

3. 3

上午参观中村不折旧居书道博物馆，午归，饭后稍憩即出，访日中友协，再到使馆，写字数张（余与黄同写，董老腹泻未去），大使请晚饭甚精，今日咳甚。

3.4

中午森住和弘请吃朝鲜烧肉，下午四时余赴宇野祝贺会，看大鼓。

3.5

赴京都，转宝冢，宿岛家旅馆。

参观金阁寺（又名鹿苑寺）、天满宫（管原道真故室）。

3.6

赴奈良，招提寺、东大寺（有鹿），菊水楼午餐，下午归东京，晚宇野饯行会。

3.7

上午到街上买物，余买圆珠笔、衣料等。下午沈绮云来，谈甚久，晚野阪请客，余拉沈同吃饭。

3.8

整日在饭店休息，咳嗽服彬弘送来之药颇佳，晚董、黄等自箱根归，晚吃三明治，有客来看董即看同人。

3.9

上午十一时自饭店搬到使馆别馆（董、黄等下午飞回国），下午索尼公司阿部、毛利偕沈绮云来看，送果一筐，晚冷早入寝，丁武官偕夫人来，即卧见，丁夫人为量血压，甚正常。

3.10

　　未出门，与张光佩同志谈（本馆教育处同志），晚饭前茶叶陈彬藩来，送礼物求字，晚徐效民来。上午中村申夫来电话，约十二日午后同游。索尼约十四日下午宴会（发家信一，致李修生信一，由使馆带京发）。

3.12

　　下午中村申夫来。

3.13

　　丁武官约看公园，遇雨一时归。晚八时与中林通电话：0298521250。

3.14

　　彬弘送纸来，索尼请晚饭。

3.15

　　2时，西武人来。

3.16

　　大使同访，柳田来接。
　　6时广东饭馆，5时馀大使车来接。

3.17

　　四时半西武来接，移住王子饭店。

3.18

　　上午字展开幕，十一时中林申夫来，下午同到博物馆。

1. 蔡若天；2. 西武代表；3. 宋之光；4. 启功讲话。

3. 19

下午会井来看字展。下午一时柳田看展，开幕时已来。

3. 20

东方书店请晚饭，游浅草寺，欲买小鼠，小王相赠。

3. 21

到使馆辞行。六时上条信山先生约晚饭，上条约写文纪念张廉卿。

3. 22

使馆张光珮同志约会访永保秋光先生，已辞。下午到大阪，住西武招待所。

3. 23

上午乘飞机到长琦。在谦早江山楼午饭，饭后游原子爆炸展览馆、孔庙、唐人馆，晤林其根。晚华侨总会请客，在长琦江山楼，宿于一旅馆。

3. 24

上午在旅馆休息，兰雪游公园，午到王家午饭（谦早）。下午乘飞机归大阪，仍住原旅馆。

3. 25

上午高西武书展开幕，午后在高，一时到高市长处拜访，写诗一条：为鉴云书风信帖，自携拙笔过瀛东。春迟未饱看花眼，遍地繁樱一萼红。

晚高店长宴会。

3. 26

上午到大阪市内一游。一时到伊藤东海先生家拜访，下午归，晚饭未吃，因中午吃饭过晚。

3. 27

整日到奈良游庙，下午归，晚宿旅馆。

搬入小红楼后日记

（1984.2.25—3.27）

1984 年 2 月，自农历元宵节前夕，校医宋大夫诊视，谓余心脏病较剧，又不肯当面相告，以告邓魁英同志，邓转向校系党委反映，胡学赟、郭玉琇二同志来看，决定每日请研究生一人来家值班。

后稍佳，邓始见告，宋云主动脉如墙壁声，则距梗死不远。

宋大夫 25 日云，下周四五六间，找一日作心电图，是日下午牟小东陪郝诒、陆晏来，谢芳春同志偕萧仲圭来，晚柴剑虹送书来，晚极疲，未吃晚饭。以稿数篇交柴，投《学林漫录》。

2.26 星期一

睡以医乏，究不如不过疲，为刘凌沧题捣练图卷，小字长跋。雷明馈救心丹。

2.27

陈荣琚来，意为余值班，谢之，以汉简说明请陈代送与崔兴仁，发致刘凌沧、雷明二信，章正感冒，郑喆在家，晚史世奇来，袁行云来，章五妹、景恩来。

2.28

早赵展来，求写书签，田南池来值班，下午田仍来，钟敬文来。以开会所作二绝句相示，钟少华晚送沈尹老诗集来。

今日郭玉琇路遇章景怀，问值班如何。

2. 29

今年闰年，二月多一日，早有曹小秀研究生来，替李军，李病，谢之使归。章五妹在此。拟"古典文学进修要求"计划，宋大夫来，看血压 160—80 馀，心脏亦好转，以值班事询之，同意取消。

下午将计划示与聂（邓出门）同访仲，示以计划。

晚饭后龚兆吉来，谈古研所事。胡云复来送稿费 140。重抄修改书法答问稿。

3. 1

早耿福荣来，告以可以不用值班了，旋去。

中午香港黄港生来快信，以《论书绝句》插图要求见告，付邮费八角，信封口已剪。上午下午无人来。抄稿。给苗子通电话，询蓝玉崧电话，云可能尚未自南方回。

晚赵鹏飞、崔月英同志夫妇来，询写字方法。

刘兴印师傅送柑子甚佳。

3. 2

终日剪贴、补抄答问旧稿。

下午九三李书来（于天池及社中另一干部同来），言明日民主党派展览招待记者，告以明日作心电图，不能出席。

接苗子信，录示赠聂翁打油诗，大康来函问病。

二日来心仍有发慌时。

3. 3　二月初一

昨夜思及九年前今日老妻病逝，吟诗一首，汪然出涕，天

173

明四时，始朦胧入睡。

九时馀起，将到校医院作心电图，郭慕启来取为题之画卷。川大骆女士来，忘其名，其人为佛教徒，来京访赵朴老，有所求，在川开会时，渠为研究生，今已留校，以我为佛教徒，而有同道之感，余深愧其误认也。下午柴偕刘新光来，同在实习餐厅晚餐，晚启骧来，袁行云一家来。

镜尘一首

凋零镜匣忍轻开，一闭何殊昨夕才。照我惭魂无赖住，念君英识几番来。绵绵青草回泉路，寸寸枯肠入酒杯。莫拂十年尘土厚，千重梦影此中埋。

夜阅龚定盦诗，余忽想到题小红楼一联曰：

一生荡气回肠命，小住浮光掠影楼。

昔见赵捣叔集龚句为联曰："别有狂言谢时望，但开风气不为师。"亦佳，以后可书之。

3.4 初二 星日

终日未动，下午史世奇来，旋同出门，至北太平庄买电池、药、菜等。

3.5 初三 星一

下午偕侯刚、胡云复、邓若翔，同访虞愚，未遇，以吴检斋稿留请审阅，参观法源寺。夜找拍照书法插图资料，李一氓赠书，致函谢老。

3.6 初四 星二

上午写字数幅，下午与侯、胡、周至图书馆拍照资料，晚侯、胡来看写字，傅熹年来，李凯、董明求写书签，柴来。

3.7　星三　初五

早柴剑虹来，领宋陵文管处人求题宋陵字。午后侯、胡来，王宪达来，写证书。淙霈来，饭后去，写黑纸粉书。

3.8　星4　初六

晨起近九时，薄松年偕松村茂树来，松村为美院研究生，因病将回国，来辞行。宋大夫来诊，血压170—90，高于往日。

下午九三送条案，史世奇来，侯、胡拿黑纸上写的字交摄影。杨碧波来，晚饭后于秘来，安排桌案。

3.9　星5　初七

上午修水暖管，宋大夫来，谈甚久。

午饭后睡，四时黄克、柴剑虹偕科影一人来，谈写片头，摄燕子石雕刻事。

刘艺来谈对外友协办日本鸥亭展百首论书诗事，余请假，子纯来吃晚饭，晚王连起来，送托照之赵字天冠山（陕本）。接苗函和余打油词。

3.10　星6　初八

上午下午史世奇来，欣赏朱竹画，中午胡云复来，以所摄白字黑纸照片相示，直是旧拓帖，极妙。晚宝鸡石油公司人偕刘锡庆来，谈振兴中华四字重写事。苗、罗等来，极无聊，迫写数条。

3.11　星日　初九

上午九时偕章景怀带章正到章景荣家，在彼午饭，饭后睡2小时，下午五时徯同回。牟小东夫妇偕于永水、郑康来，郑送食品求写匾，牟带来邹霆送审稿费一百元。

3.12　星1　初十

3.13　星2　十一

上午有宝鸡石化公司人来取字。东北聂某求题孙奇峰之女画。中华傅璇琮、许逸民来。

下午到系中将国库券款交王宪达（400）。

晚章景葵来，为其写字样。

3.14　星3　十二

夜眠近日极差，晚饭后虽倦，睡一二小时即醒，必至晨四时始入睡，终日精神不振。中午胡云复来，以照片见示。

下午郭晋人来，偕其二楼王氏父子来，郭属写册页二幅。晚十时睡，一时馀醒，看书，五时复睡，九时馀起。

今日刘继卣追悼会，未能去，谢思炜送来《历史研究》。

3.15　星4　十三

上午甚疲，写稿（聂、邓文集序），下午完成。

下午杨敏如偕于翠玲来。李桐华偕《殷都学刊》人求书签。杨碧波来，字有进步。

3.16　星5　十四

3.17　星6　十五

谢辰生、郑广荣来，言将开始鉴定了，晚傅璇琮携其小女来。

3.18　星日　十六

上午起甚迟，午后至政协礼堂开吴承仕百年纪念会。

章五妹，章景荣、景葵，王悦、惟，乐嘉来，同吃小餐厅。

3. 19 星1 十七

上午启源来，旋去。下午余筱尧偕钟俊、沈百昌来，言此次鉴定由钟主持编辑。晚傅熹年来。

3. 20 星2 十八

上午大风，写字，补充印本材料，下午看书，亦无人来。

晚邓魁英来改序言，聂菊孙来，谈吴检斋稿事，夜睡不着。

3. 21 星3 十九

上午本定鉴定组开会，车未来，下午郭晋人来，已买月票乘电车，送之到北太平庄上车。

晚谢稚柳、谢辰生、刘九庵、王南访、庄嘉怡、陈治安、董彦明、劳继雄同来。侯胡来，八客即去。

上午周绍良、黄炳章同来，送印光文抄等，牟小东所要。但只有馆藏旧书，并无存书赠人者乃罢。周携来千手眼观音像稿征求意见，适壁悬敦煌画影片，即此稿，相印证，极巧合。黄以弘一大师永怀录见借。

3. 22 星4 廿日

上午整理研究生作业，近午11时余郑广荣来接，到“一招”午饭，饭后小憩，下午开会讨论鉴定小组事，晚饭后归。鲍瑛、鲍琳夫妇各一对来，张铁英来。

3. 23 星5 廿一日

上午到政协礼堂开常委会，午后聂菊孙、侯刚、胡云复同志来，谈吴检斋遗稿事，晚中国艺苑王□峰、于全瑛（经理，女）来相看，携羊肉片等相赠。偕人民日报秘书长徐□□来，属写年历封面。

上午神剑派人来相看，送食品。史林峰同志来看，俱因开会未遇。

3.24　星6　廿二日

上午政协常委会，午后有电影未看，下午感奇冷，仍是感冒，柴剑虹来，留吃涮羊肉，晚九时馀即倦极，遂睡。凌晨三时即醒，不能再睡。

3.25　星日　廿三日

下午到东风市场，在湘蜀小餐厅吃饭，章景怀三人又小惟。买书二种。

3.26　星一　廿四日

上午到历博，看书画，今年首次。

下午在主楼开会，讨论吴检斋遗稿事。

3.27　星二　廿五日

上午到九三看录像，第三次浪潮，停电，改放钱学森讲话录像，谈产业革命问题。下午陈英金岚夫妇同来看视，自去年病中来后，闻余病谢绝探视，故未来。董寿平、汪锋继来，谈甚久，汪为其子补修夜大事，嘱代询。晚刘永泰、张猛来，询张猛何以无试卷，答之导师许嘉璐不令作，欲补作，答以服从其导师。

京西宾馆六日记

（1984.7.21—7.26）

7.21 星六

下午三时和爱君来接，住进宾馆，拟先拜访几位领导（王副局长、张政委、钟政委、张科长），俱有公事，近五时，张、钟二位来房间看望，六时约晚餐，只四人，甚佳。

洗澡，睡甚晚，接到李鹏翯信，又接《唐代文学年鉴》。

7.22 星日

每日上午七时半，中午11半，下午6时，俱在十三楼吃饭。

上午早餐后王、钟来谈，颇久，旋写稿（学校出版字册序），晚饭后写毕共约1700字。

7.23 星1

与牟小东、沈锡麟通电话，知兰亭已送到李老处。写稿约二千馀字，发于思老之唁电。

7.24 星2

上午写稿，不多。下午看马四，自上星期六动手术后经过尚好，但已扩散，肝上已有五六小点，人生不过如此！到家取政协提案附签之件（钱昌照为保护文物之呼吁），又报名参观北京农业，新疆一行不能去了，以鉴定文物工作冲突只得请假了。

7.25　星三　六月廿七

上午改稿，倦卧，吴志达政委来，约同午餐。

午后小憩后写稿，思路甚顺。

傍晚九三请祁龙威，在十三楼吃饭，赵、牟先来，在此坐移时旋即金（开诚）来，即同至餐厅入座。夜起写董寿平画展前言。

饭后甚倦，十二时馀复起记此，睡不着，入睡已四时后。

7.26　星4　廿八

上午早餐后即睡，傍午不能吃饭，要素菜一小碗，馒头一个，又睡至三时起，吃馒头素菜，晚吃饭照常，此老毛病也。景怀车已买到。

发信三封，一致杨仁恺，一致董寿平（寄稿去），一致金开诚。刘琨来电话，告以谢、范事。

烟台游五日记

(1985. 7. 29—8. 2)

7月29日

晚十时乘车赴北京站十二时半入站，上车，一时开，赴烟台，章景荣、景葵、郑喆、王悦、王维、章正、宋佳同往。

7月30日

下午七时到烟台，市委接，寓东山宾馆。

7月31日

上午上街观市容、游百货店，下午景荣等游泳，晚黄市长来。

8月1日

上午参观博物馆（引起烦麻），下午睡觉，城建李书记夫妇来。

8月2日

上午王秘书长陪游玉皇顶、小蓬莱阁及烟台岛本岛，路过齐鲁书社买书，晚饭后即睡，三个小时又起，张处长归。

8月3日

8月4日

赴上海鉴定书画日记

(1986. 4. 18—6. 14)

4 月 18 日

葛鸿祯等来，为饭店求字，拒之。邓大姐接见日本政治书团。

4 月 19 日

文改会坐谈，书协讲演，杨乃骥来。日本书展开幕。

4 月 20 日

有不识者电话，拒之，夜眠差，梦先慈。

4 月 21 日

上午张应流约午饭，谢之，肚不佳也。午后翟（印堂）介绍去制衣，黄胄拉赴北京饭店，招待马临等，夜焚楮。

4 月 22 日

夜泄肚，上午宋大夫来，叶嘉莹来校公宴，辞之，午后教委人来求书画，叶来。终日人来不断，晚睡尚好，心情不佳。

4 月 23 日

4 月 24 日

上午浙江美院王冬龄带九名外国留学生来访、在主楼会面，下午山东政协王轩来求题摩崖拓本。

四时应小东约为张秀年夫人之公司写字，请在京伦饭店晚饭。吉林王永才来送所欠润金。

4 月 25 日

上午为教委画礼品四幅，写字五幅，下午邹县人来取峄山刻石题字，陆续有人来为书题词，晚为气功师的某写字，新华社杨朝岭看访问稿。

4 月 26 日

上吴小如来为其尊人题展览标识。陈荣玲来，写书签。不识之教师求写校牌，午在实习餐厅吃饭（葵、嘉、怀、喆、正，遇张巨才父女），午后邓散木夫人来求写纪念馆标识，那启贤求写字（未及写），晚与王大夫一家合怀、葵等共十人在同和居晚饭，晚陶来代人求字。

4 月 27 日

下午到钓鱼台试所制衣（访日者试），晚王明之又子偕一新加坡人来看王字照片。

4 月 28 日

上午二时起床写稿（恩师），写字数件（同和居的），下午将字照片 30 件，画照片 4 件交穆杨。4：30 往机场，6：20 飞往上海（迟起一小时），住在上海音乐研究所（与小东），遇音研所田青。

4月29日

上午等待安排，午间到延安饭店，我住原房间，小东另间，午后到（三时）蔡家，看蔡老手稿，留晚饭，极疲劳，九时徐睡。午饭后方行拉我与出版单位共看贞石图，此书算了结了，再写一书签（第二种）

4月30日

上午看蔡稿。

5月1日

上午看蔡稿。

5月2日

上午到蔡家看稿，午间归午饭。下午上海人美召为《艺苑掇英》坐谈。

5月3日

上午看蔡稿，定方案，看毕。午间书画出版社岑久发来，告以经过，渠云今晨信来，文物局已允其请矣。下午看朵云轩数件藏品。晚方行来，以印本松江急就为赠，索王等论照片，王祖骥等来。

5月4日夏季时间

自今日改夏季时间，晨4：30起，上午写稿（掇英记灵飞四十三行），下午脱稿交杨转。晚饭高景仰携酒菜来宾馆共餐。王了一逝世，发唁电。寄景怀等一函，告以归日。

5月5日

上午九时到圆明讲堂，继到龙华寺，牟与明旸会晤也，午在龙华受宴，午归过方行家，上楼略坐，午后睡二时馀，王运天来，共晚饭，晚韩天衡来，求题印拓，蔡建国来，偕向虔来，张树年（菊生先生子）来求题签。

5月6日

上午与牟、郑广荣同游静安寺，午后到九三听牟讲社史，五时馀到蔡家，请晚饭也，吃至九时，未及席终而散，盖"疲劳轰炸"式也，归饭店已近九时半。上博马汪诸公来，先去未晤。沈令昕来坐颇久，赠石印一方，自刻者。傅熹年昨晚来，今晨晤。

5月7日

上午七时50分乘飞机回京，55分起飞，9：40到，到家近十一时，午饭后小憩。下午2：30到主楼开模糊数学讨论会，王培庄与钱学森发起。晚睡较早，八时馀即卧。

5月8日

5月9日

上午十时到八宝山与崔兴仁遗体告别，再到历史博物馆看于右任书展，开幕式已过，拉为题字，即为题五言古诗八句，归途在厂桥五洲餐厅午饭，偕周敬歧。下午未出门。

5月10日

右脚拇指病。

5月11日

下午请俞、沈、牟、姜于同和居，归走路困难，右脚拇指病甚苦。晚牟小东夫妇来，葛信益之子送景泰蓝瓶，写牌匾之报酬，即赠小东作礼品。

5 月 12 日

上午写字五条，下午刘永泰、谢思炜来，为彼写字四条，晚饭时，小李来，求写字三幅，牟、姜来，右手拇指染上脚气，涂药水，彻夜疼痛，上午为郭良玉、聂石樵送所写字。

5 月 13 日

晨起手、脚指俱痛，不能执笔，晨起旋复睡，梦先慈甚清楚，在院内指示慧星。下午到主楼送肖兴华求写的字，访俞敏。明日下午同到八宝山吊王力。晚山东鲁萍来，手指略好。

5 月 14 日

上午柴剑虹来，午饭后去。下午到八宝山与王了一遗体告别。

5 月 15 日

上午到中日友好医院检查身体，胆有结石一块，约五毫米，馀有碎碴，心电图见不处，供血不足，肺部有不清处，明日到北大照 CT，下午晚俱有人来，甚疲（宋大夫、章景荣同志）。马樟根见告拙文有误处，乃黄永年所告者。

5 月 16 日

上午到北医，章景荣为约照 CT，约四十分钟，近午归，午后照快像。

5月17日

上午李娜（承古斋）急求写字，为勉写之。下午气功杂志人来照像，取快像，刘克欣来。

5月18日

上午到自选市场买物，柴剑虹夫妇来，午饭后去，下午疲困，睡两次，晚景葵来，晚饭吃面条多，夜胃堵。北医嘱留痰，肺旧病灶复活，九三宴客辞之，以肺故也。

5月19日

5月20日

5月21日

5月22日

5月23日

5月24日

5月25日

下午李修生、宋大夫、张巨才、郑喆同到艺苑见张宝胜。

5月26日

下午张宝胜为治疗，王大夫、李修生、郑喆同去。

5 月 27 日

下午张宝胜为治疗，章景怀、郑喆同去。

5 月 28 日

中午到艺苑，张宝胜为治疗，饭后归。

5 月 29 日

上午华孟实来，洪钧陶来，午后三时到艺苑，张宝胜以接母不来，晚饭后归，极疲，羿良忠、官旸来，即睡。

5 月 30 日

中午张宝胜来，施术后旋去，午后甚疲即睡，终日睡醒失序。

5 月 31 日

上午新加坡潘受先生偕代表团长等来访，沈鹏、刘艺同来，即请假，开幕、宴会皆不去了。

下午刘志欣来，求题年历封面等。

6 月 1 日

未施术疗。

6 月 2 日

6 月 3 日

下午到日坛在"雅居"术疗，晚饭后归。

6 月 4 日

今日张有事不术疗，下午钓鱼台约去试衣，饭后归，约七日请潘受。

6月5日

晨三时起，作马家功十分钟，写字，谢篆来求字，王振家来谈养病谢客法，午后回访潘受，到日坛术疗，约五时到琉璃厂买书，在孔膳堂吃饭，饭后归。陈荣琚、苏士澍、王仪生夫妇、雅纸厂人、万光治之姊来，旋即睡，约九时。

6月6日

晨三时起作马家功，不到20分。中午到钓鱼台请潘受也，下午到艺苑术疗。

6月7日

晨作马家功，中午王振家副校长来谈减轻负担事，下午到艺苑术疗。

6月8日

中夜未睡，晨夕后睡，午后到艺苑术疗，取出结石二小块，如火柴头而略小。写翁独健挽联等。自5月26日起张作术疗，至今日已十四日，中有三日未疗，始取出整块二石，至慎也。

6月9日

6月10日

发信二封，一致上海书画出版社沈培方，寄去履历，一复徐文薇。

6月11日

6月12日

下午张宝胜送他酒十瓶。

6月13日

上午宋大夫偕三院等大夫来，约星一赵大夫来。下午张宝胜来。接傅熹年信。

6月14日

上午连劭名来，下午陈奇峰来求题字，五时馀张宝胜术疗，侯刚、胡云复来。杨伯峻索书及王仲荦挽联俱托连交李解民。

6月15日

6月16日

6月24日

6月25日

6月26日

参加兰亭笔会日记

(1987. 4. 7—4. 30)

4. 7

午飞抵杭，住北山路新新饭店 102。

4. 8

省接待处招宴华山宾馆写字。

4. 9

上午在杭州饭店开中日书法讨论会，下午到绍兴。

4. 10

上午在兰亭开笔会，继作曲水流觞之会，午酒会。

4. 11

上午回杭。

4. 16

晴天，略回暖，写复王景芬信，寄叶东海信，寄鲍琳信，给家打长途电话，今早晨血压 160/100。

4. 23

午睡欲醒时梦慈亲与先妻，忽痛哭，听枕前大声坠下，遂醒，以为收音机坠地，再看机在枕边，而壁上所挂镜框坠下砸扁灯罩，镜框插入床头桌下，玻璃未破，不知是何解也。

约25、6日忽右脚拇指痛，行动甚艰。

4. 30

一时自杭飞还京。

晚年启功

童心未泯

写字

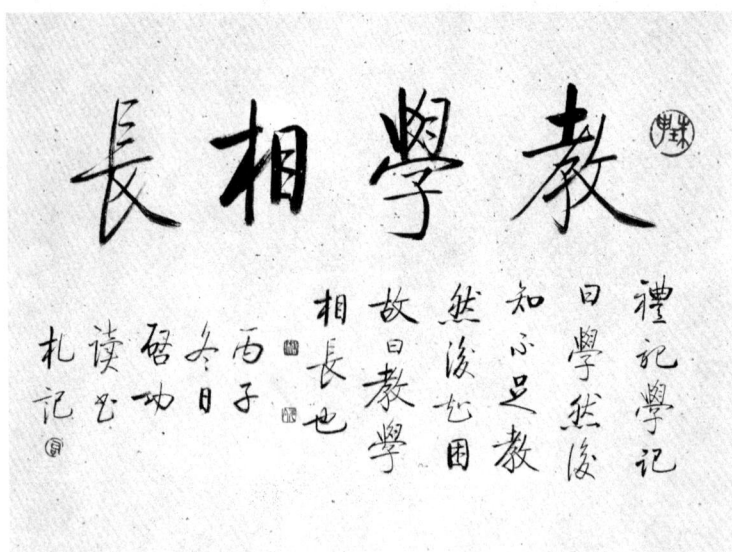

教学相长

赴香港筹备励耘奖学金义卖展十日记

（1990.5.31—6.9）

5.31 星4

上午九时十分起飞，12时20分到港，住美丽华酒店，10楼豪华间，午后睡，四时馀访荣智健，展览渠全负责，晚饭后九时给王宁世通电，告以荣事，十时睡，今日甚疲，

香港无夏时，表拨回一小时，

6.1 星5

上午与马通电话，马约午饭，谈甚洽，渠同意荣办，渠支持并宣传，晚与王、钟、安、郑同饭。

6.2 星6

上午钟来，偕往其店，其家，过大业（书店），张未到，店友不相识，在上环试衣不合适，饭后归，甚疲。

睡后黄亚蒙来，求为齐画、黄画题跋，未题，以无笔。晚荣宝全体自黄毅以下请晚餐，归甚晚。

有蔡豪杰者电话约饭，谓与国货经理黄同请，婉谢之。

6.3 星日

早张、周二女士，其戚顾君来，谈展事，彼仍无谱，设法留退路（谓待校方复之），彼求写礼品二件。

自在湄江午饭，买袖扣领带卡，睡甚久，五时起床。

早起为刘嘉福题画册，诗二首、签一，午交安，晚荣宝全体在"顶好"设宴。

6.4　星1

上午为荣宝题齐画一帆风顺图，中午与王桂鸿、王大山，孙日晓同午饭，见赵㧑叔扇面十二页，极佳。

晚安约游艇上吃饭，有北京市派出人员经营企业者。

6.5　星2

上午五时起写字，为张培薇写二大幅字，又写四大幅（王云恘要）。

十时许礼平来接，先至其家，给台静老通电话，与王静芝通电话，与苗子通电话，俱很好，台病甚重。

午许约午饭，有刘作铸、马国权、金尧如，午归未睡，王、钟来，安来赴杜夫人（赵先生之夫人）之约，在游艇上晚饭，十时馀归，有廖某来电话，不识，自云在广州曾见。

6.6　星3

上午，偕钟往鲗鱼涌看陈万雄，谈论书百绝，汉语现象论集，并介绍袁行云稿事，辞出往中环访董秀玉未见着，渠接东北三省书展代表团。在中环午饭，归旅馆休息。

三时半与王大山偕安、郑及荣宝斋伍到李胥之丽辉金店，三女士买饰物，李赠余、王各一领带卡。

钟领余看黄医生，血压140—80？（忘），约明早作心电图，验血脂。

黄约晚饭于天天酒楼，吃海鲜，极佳。

归甚疲，睡亦稳。

今日陈万雄谈余之韵语，虽有礼貌性之夸奖，却亦道着实

际，谓五四以来，所提倡之语言为诗文，但诗仍停于两极，旧
体的人仍不懂，新体的人亦不懂，且脱离民族语言，不能上口
背诵，谓余此作，开辟新路径，解决语言入诗的问题。此类评
论，在京亦同两三次矣，昔于思老谓余谐语诗，云你们莫看启
功此作（不合传统）可笑，"将来不定谁对呢"，亦预言有见者，
今日自问，亦纯属偶然，原来并无远见如何如何，曾云"不行
书信运气"，学术何独不然！

6.7　星4

上午验血、尿，透视心电。

在小馆午饭，归午睡不足。

下午与罗章明、王大山、郑喆同到国货公司，看其副总经
理黄文照，略买小物。

晚杨永德请晚饭。

6.8　星5

上午偕钟往中环看集古彭可兆，彭请陪同午餐，餐后看大
业公司，与张应流谈笑多时，看印本大千长江万里图。

连日马延强打来电话，余不在家，回电，又不遇（上午张
小姐顾彦丹来，赠写字酬礼），晚霍宗杰请吃鱼翅。

6.9　星6

上午未出门，写字了债，宿债方清，立添新债，作诗八首
题齐册，又一首题李可染白描仕女。

午在本酒店三楼与郑喆午餐，下午叶焕君来以夹克雨伞等
相赠，五时馀锺偕黄德彬来，黄约在鲤鱼门吃海鲜，求写匾，
八时半归，算甚早矣。

马又来电，复电亦不遇，此第四次相左矣。

附　录

此时无声胜有声
——读启功先生"文革"初期日记有感

柴剑虹

　　2009 年底,《启功全集》编委会决定将整理启功先生遗稿时发现的部分日记收入全集(详见《启功全集》第十卷,北京师范大学出版社,2011 年 11 月)。其中较为连续的是"文革"期间(1966—1974 年)所记。考虑到这个时期日记中涉及的许多人与事不为一般读者所知,而"文革"初期北京师范大学中文系的"运动",我是亲历者,所以让我试着先为 1966 年的日记做些必要的注解。我勉力做了四十几条简要的注释呈交编委会。后来,出版社考虑到其他时间的日记无人再做注释,为省事及统一起见,遂决定一律不要注释了。启功先生当年记日记,当然不是为了公诸于世,但却为我们留下了十分重要的第一手资料,对我们今天了解那一辈知识分子在"文革"时期的遭遇和心情相当宝贵,尤其是在研究启功先生思想、性格、经历方面不可或缺。限于篇幅,本文仅就先生在"文革"初期的日记(1966.1—1967.11)写些简略的读后感言。

　　"文革"风暴骤起,中国绝大多数的知识分子是完全没有思想准备的。即便是有过"三反"、"五反"、思想改造、批胡适、批胡风、批《武训传》、反右、反右倾等等运动经历的"老运动员",在"文革"初始批判吴晗新编历史剧《海瑞罢官》的酝酿阶段,也曾十分天真地认为仅是文艺作品的评价问题。但是到了1966年初，对于曾经被错误地打成"右派分子"的启功先生来说，他已经很快地意识到了这场风暴的激烈与残酷。因此，他这个时期的日记体现出来最大的特点是客观、冷静。虽怀着惴惴不安之心，却以客观记述的方式冷静、简洁地写下所见所闻，几乎没有议论，没有臧否，极少主观的情感抒发。我们读了日记可以知道，像启功先生这样的教师，在"文革"中的遭遇是足以令有良知、有同情心的正直人扼腕长叹的。他内心的痛苦可以化为炽热之烈焰，但他却使之冷凝在自己的笔端，化作无声的文字。这需要多么大的"内功"与"定力"啊！

上世纪五六十年代，北京师范大学中文系曾经拥有一批顶尖的教授，如黎锦熙、黄药眠、钟敬文、李长之、陆宗达、穆木天、刘盼遂、俞敏、萧璋等，1957年反右运动将其中一多半打成了"右派"，甚至剥夺了他们为学生授课的权利。启功先生在1956年已报晋升教授，但随即于1957年被北京画院划为"右派"，副教授级别亦遭降级。所以在我1961年进入中文系学习时，挂着"摘帽右派"头衔的启功先生还不能给我们讲课，到了1962年系里才给他安排了讲诗词格律大课的极少课时。

1966年初，中文系师生除了由党总支组织参加批判新编历史剧《海瑞罢官》外，主要是学习讨论"反修防修"的半工半读和学习毛主席著作。从启功先生日记可看出，到3月下旬，重点就转到"学术批判"上来了。各年级成立了各种"文艺批判组"，系里成立"核心小组"，将各课教师分到各班各小组参加"讨论"，"讨论阶级斗争问题"、"清官问题"、"红专问题"，讨论"政治与业务的关系"等等（分别见3月21—29日日记）。到了4月初，要"讨论突出政治问题"了，且将"文艺批评"转为"揭发罪行"。4月6日的日记中先生写道："自己不知何为突出政治，突出后是什么样？"看似提出疑问，其实他已经预感到了一场大风暴的来临。先生日记记载：6月1日，学习《人民日报》社论《横扫一切牛鬼蛇神》；6月11日，学习社论《无产阶级文化大革命万岁》；6月15日，"全系大会，写大字报揭发批判"；6月17日，学习《湖南农民运动考察报告》；6月17日，教育学辅导员蔡钦山自杀，工作组报告讲"戴高帽游行、罚站、打人是可以理解的"……运动进展表明，"突出后是什么样"已经有了第一批答案。

虽有不祥预感，但启功先生与许许多多相信党、敬仰毛泽东的心地善良的教师一样，在"带着问题学习毛主席著作"的时候，仍然是迷惘和忐忑的。看他7月2日的日记：

> 阅读人民日报社论《毛泽东思想万岁》。读后讨论，拟发言稿，未发。……在文化大革命中，以我这样的旧知识分子，更要时时刻刻学习毛主席著作，学到手。怎知学到手？先看能否大破，破敌、破我、破身内外之敌，化为力量。

在提出"怎知学到手"的疑问之后，一连用四个"破"字表示了不安的心态。因而虽然拟了发言稿，却并未敢贸然发言。多年之后，先生几次跟我谈到他对后来风靡全国的最高指示"不破不立。……破字当头，立也就在其中了"（见1967年5月17日《人民日报》）的疑惑不解。

几天之后，"工作组要求登记个人的问题，个人历史从十岁起逐年逐月分清次序写明，叙述历史上重大问题的详细经过"（7月9日记）。随着红卫兵"揭老底战斗队"如雨后春笋般地建立，许多老教师很快就面临了"破字当头"的厄运。

1966年7月27日，对于北师大的"文革"运动是很特别的一天：是晚，几乎"中央文革小组"的主要领导全部出动在师大操场召开大会，康生、江青等人极尽煽风点火之能事，在讲话中将斗争矛头指向"大黑帮程今吾（校党委书记、副校长）"和"大右派黄药眠"等，从此时起师大的大批干部和教授就失去了人身自由。这一天启功先生没有日记，什么原因，不说自明。再看下面几则日记：

8月25日（星期四）　学校红卫兵通牒降工资登记，去登记。

8月26日（星期五）　九三临时集谈退社、解散事。下午红卫兵命令解散退社，限明日上午贴出大字报。

8月27日（星期六）　下午报告红卫兵，愿交出所有自存一切书籍等物，晚红卫兵到家查封书籍等。向系中红卫兵交代所封的书稿中有：旧小说、日文美术书、老舍《猫城记》、小牛牌、帽徽记不得、旧铜元两小包约几十个、银元一个、预支稿费还上、章家棉衣棉套一柳箱、刘盼遂书二套。

8月28日（星期日）　下午到邮局寄还中华书局前预付《中国书法》一稿稿费二百元。（此已报红卫兵，指示如此。）

先对日记所涉内容做些说明。1. 其时红卫兵"勒令""有问题"教授要"自愿"降低工资。据先生9月5日所记，"摘帽右派按人口每人15元，共领30元"。这恐怕连当时北京地区的最低生活费都不够。启功先生当时的月工资是177元，也就是说几乎被扣除了六分之五。2. 其时红卫兵要民主党派的基础组织自行宣布解散，停止活动。启功先生的九三学社北京分社委员的职务已在1957年被打成右派后撤消，此时则连普通社员也不让当了。3. 当时红卫兵"造反派"组织开始到一些教授家里抄家"破四旧"，先生甚为惶恐。中文系四年级有两位出身好的同学（王永敬、彭家瑾）得到消息，为了保护启功先生的书籍，提前到小乘巷先生家中问先生："你这里有封资修的东西吗？"先生答曰："无资、修，有封建

203

的。""有封，那就给你封起来吧。"就在书箱、柳条箱上贴了"红卫兵中文系大队"的封条，使得先生这些东西免遭"造反派"再来抄没。多年之后，先生还多次对我说要感谢这两位同学。"封箱"两个多月后，先生的大衣在扫楼道厕所时丢失，需要取出箱内他母亲的皮衣改制大衣以御寒，还必须经打报告请示获准后由红卫兵"启封"后方可拿出！4. 其时"造反派"扬言教授写书是"散布毒素"，不准拿稿费，勒令教授们自报拿稿费情形并自动退还。当时中华书局约先生撰写《中国书法》一书并预付了部分稿费。于是先生寄还了稿费，在那种情况下书稿也无法完成了。这实在是中国文化史上的大不幸！

紧接着，一些老教授在接受批斗之际还被强迫组织起来参加校园、楼道的劳动。启功先生当时体弱多病，常常是在感冒发烧、恶心发冷、吃药打针之时开会挨批（有时还被点名赶出会场）、看大字报，同时带病参加劳动。在先生的日记里记载的就有打扫楼道、扫厕所、爬上窗台擦玻璃、洗刷主楼门面（中文系办公在6楼，故先生9月14日用"畏难，怕高"四字记述）等。仅9月16—10月8日的日记提及"扫楼厕"就有10次之多！我曾经在文章里描述亲眼目见启先生在西北楼三楼扫厕所的情形，痛心之际，也为先生在那样的处境中仍镇定、乐观的精神而感动。

启功先生在"文革"日记中以沉静、淡然、简明的笔墨，写出了一些让今人触目惊心的事例。例如，因为家中书籍被封，引起粮站停发粮票，"询问为何封书，五七年右派是否摘帽，摘后是否再犯错误，以决定售粮标准"（10月6日记）。也就是说，"售粮标准"居然要与政治标准挂钩，可以让你少吃饭甚或不准吃饭。此事让我想起：1967年毕业分配，我自愿去新疆工作，1968年5月我们到乌鲁木齐报到接受集训，军代表认为我们这些大学生一定都是犯了错误才"发配"到边疆的，不仅天天开导我们"要接受犯错误的教训"，而且指定我们到建设兵团某食堂吃饭，去了才知道在那里用餐的都是背上或臂上缝了白布条，写明是"黑帮"、"牛鬼蛇神"者，这就是吃饭的"政治待遇"！当时虽引起我们这些大学毕业生的强烈反感，也无处讲理。

临近1967年初，"文革"的重心转移到"打倒党内走资本主义道路的当权派"并"夺权"，像启功先生这样的"死老虎"已不是"造反派"打击的主要目标。因此，自1966年12月14日起，启功先生和萧璋、陆宗达、叶苍岑、葛信益等几位教授一起被派至京郊周口店的一个生产队劳动，到1967年1月17日为止。相比其他时段日记的文字，启功先生这一个多月日记的内容是比较详细的，真实记录了在农村和社员一道劳动、开会的情形和自己的思想状况。应该说，当时的教授们虽然还处在那样沉重、动荡的政治氛围中，但毕竟暂时脱离了学校的批斗环境，而且农村干部与群众对他们大多比较友善，"农民以我们为客人"（12月17日记），"队长安排农活，非常体贴我等体力"（12月14日记），故即便劳动辛苦一些，心情还是相对较为舒畅的。有两则日记可以为证：

12月22日（初十日） 为大队买漆、印语录百条、笔等，赠送大队，萧、陆、叶、启每人17.36元。

1月8日（廿八日） 上午劳动，在饲养场铲牲口棚中粪土，甚疲。近午，几乎不支。何满仓说："老启现在不行了吧，今日够呛。"

又说："这还不算累，到了夏天热也把你热死。"此青年朴实诚恳，真是吾师。

前者虽花去原先半个多月的生活费，但是属于自觉自愿地为农民兄弟出钱出力，说明了当时的思想状况。后者反映了在劳动中和农民比较融洽、自由的关系。农民称其为"老启"；他也发出

了日记中少有的评议之语。在周口店的劳动日记，除了能使我们
了解"文革"初期京郊农村的一些情况外，也反映了当时启功先
生愿意在与农民同劳动的实践中改造自己的真实心境，使我们在
心酸之余感到些许的欣慰。此外，1967 年 10 月 8 日至 18 日，启
功先生还记有 11 天在北郊回龙观附近的劳动日记，那是学校号召
下乡帮助秋收玉米、割豆子、摘棉花，中文系的教师几乎全部参
加了，大概是在"革命师生"的监督下劳动，没有和社员一起干
活，显然缺乏心情，记得十分简略。

启功先生在 1966 年 12 月 13 日的日记下专门"钞存"了一份
《关于四个口袋问题》的"交代材料"。这是回应系里有几位教师
大字报对他的揭发而写的，10 月 30 日写就，12 月 10 日才上交，
可见先生的犹豫、无奈与慎重。因此，我需要根据自己的理解对
此谈些感受。

所谓"四个口袋"，出自 1962 年系总支号召老教师为加强科
研发挥"潜力"，各人谈自己的擅长时，启功先生对自己治学门径
的介绍。启功先生在"交代"中解释说：

我的知识有四个方面，我这四个方面积累的材料各置一处。
因平时有些零星札记或草稿，常放在纸袋中，所以我用"口袋"
代表这四堆材料，我说我有四个口袋（其实纸口袋很多，每一
类并不止一个口袋），这"四个口袋"一是古典文学的一些心得
如注释等，包括拟作的诗律研究等；二是关于书法方面的笔记，
这方面拟写关于怎样写字的文章；三是文物鉴别方面的笔记，
如繁琐考证的《兰亭帖考》；四是清代掌故方面的，这方面写成
《读红楼梦札记》。

因为据说当时任系党总支副书记的刘漠主任，对启功先生的
这种治学方法很赞同，而"文革"中刘漠被当作"黑帮分子"受

到批判，有些教师自然就翻旧账以"揭发"启功先生。先生即在说明情况的前提下，不得已在这份"交代"的下半部分，作出了"我那种'治学'观点，'治学'方法、名利思想等等，应该详加批判"寥寥数语的检查。

其实，启功先生"四个口袋"的介绍，实事求是而又具体形象地道出了他视野广阔、求博求精、注重搜寻与积累材料、发挥专长的治学方法与特色。除了书画与诗词创作的勤勉与日益精湛外，启功先生在文史研究、诗文声律探求、敦煌文献整理、古代字体考索、《红楼梦》注释等方面都下了很大的功夫。即便是在1957 年遭受了不公正的待遇之后，抱着一颗拳拳爱国之心，出于对学术文化事业的热爱与追求，启功先生仍然坚持勤奋治学。现在，有人贴大字报要揭发先生这方面的"罪恶"，将它与"黑帮"联系起来，先生只得在"交代"中说明：

> 当时并没听到那时旧总支的当权人物有什么回音，也没人告诉我"批准"我或"指示"我在哪方面着力。今年在大字报上才看到刘漠对于我这"四个口袋"的说法很欣赏。

明明是正常而正确的东西，却被扭曲为"毒害青年"、"名利思想"，先生只得用"我的腐朽的一套罪恶货底"、"罪不容逃"这样的词语来批判自己，在不得已的"违心"之中，也透出了无奈与愤懑。

刘漠是从延安革命根据地出来的干部，曾任延安鲁迅艺术学院干部、晋察冀边区联合中学文工团指导员。我在中文系学习的60 年代初，他担任系主任兼党总支副书记期间，不仅狠抓教学与科研，而且作风朴实，很注意联系群众，发挥教师与学生两方面的积极性。他赞成"四个口袋"的说法是毫无过错的。我清晰地记得，大约就在"文革"初期的九十月间的某天，我刚走出西北楼大门，就看见惊心一幕：因古汉语考试不及格而从我们中五留级到中四的隋延堂，居然责令刘漠主任跪在他面前，说让他留级是"迫害工农子弟"！我当时气愤不过，用大声呵斥制止了隋的无理行为。当时我很不理解隋延堂为什么会有这样的举动。看了启功先生的"文革"日记，里面多次写及老教师要经常向隋延堂汇报思想，才知道这个"造反派"当时竟然成了"管教"老教师们的负责人！责令教授自降工资、退稿费、打扫楼道厕所和组织红卫兵抄家等，都与他有关。听说此人后来因贪污抄家物品而受处分，也是罪有应得。（先生1967年1月18日的日记中写"肖、葛昨晚见隋延堂。隋云今后不管我组学习了"，估计即与此有关。）

非常幸运的是，在经历了"文革"浩劫之后，一些体现启功先生治学精神，装了许多学术资料和手稿的"纸口袋"保存下来了。启功先生逝世后，他的家属在整理遗物时，就找出了若干个这样的大口袋。其中六七个口袋里，装满了50年代中启功先生和王重民、向达等先生一起整理《敦煌变文集》的校订稿、信件，还有启功先生撰写的《敦煌俗文学叙录》的手稿。这些都是敦煌学研究史上宝贵的资料。经我建议，章景怀先生将这些材料无偿地捐给了国家图书馆善本部入藏。其中24封王重民、王庆菽先生致启功的书信和《叙录》，经善本部敦煌吐鲁番学资料中心的研究人员整理后，已经在2009年第二期的《文献》杂志上刊布，完成了它们推进学术的使命。我想，这也是启功先生生前的期望。

今天，在"文革"起始45年之后，再来读启功先生写在当时的日记，真有恍若隔世之感。可是，那是些确确凿凿曾经在我们的校园里，在自己身边发生过的事！我忽然明白了为什么先生晚年常说："不愿温习烦恼。"即便是在他的《口述历史》中，述及"文革"的遭遇也很少。按启功先生的性格，他绝非寡言少语、感情内敛之人，而是充满了热忱。他实在是不堪回首。我们知道：在那最艰难的日子里，他揪心地牵挂着恩师陈垣校长并多次去探视、安慰老人，他去看望他的绘画老师吴镜汀先生；老舍先生殉难后他途遇胡絜青先生，胡只说了两个字"惨哪"，他刻骨铭心，念念不忘，多年后还多次对我讲起。当时，他只能将思念、哀悼、愤懑之情都埋在心底。他为全民族、全中国的这场浩劫痛心疾首，以至于到晚年仍难以重温。当时彭德怀、张闻天、罗瑞卿等领导人被"揪到"师大操场、饭堂被残酷斗争的场面，许多师大老教授受迫害乃至惨死的事件（如刘盼遂教授被红卫兵按入水缸淹死、穆木天教授死在家中几天后才被发现、黄药眠等大批教授被挂牌戴高帽游街），日记中均未记载。数年之后，他的心情方有稍许的表露。如 1973 年 12 月 10 日在医院治病的日记中有这样一句："梦援师来病房看我，我迎去抱住，见言笑如平时，似未知其已死，又似知其已死复来，故迎抱也，旋醒。"此梦境是对已逝世恩师的思念所致。1974 年 3 月 24 日，在得知当年向陈垣先生推荐他的傅增湘先生之子、古玉专家傅忠谟先生去世后，在日记里用"不怡者竟夕"5 个字说明了自己的心境。诚如我前面所述，他在"文革"初期的日记客观、冷静、简洁，几乎没有描述，没有形容，没有渲染，没有也不能有褒贬，连那些在高压下作的自我解剖、批判文字都显得平淡而冷峻。我想，这正是先生的睿智使然。因为惟其如此，这些文字才有可能在那场狂飙暴雨中保存下来，而且能经得住历史的考验。寻常文字不寻常，此时无声胜有声。在启功先生的"文革"日记中，我们听到了一个正直的知识分子的血泪心声与强烈抗争。

（2011 年 10 月）